Adolf Muschg

Von einem, der auszog, leben zu lernen
Goethes Reisen in die Schweiz

Wenn einer eine Reise tut, dann will er sich versuchen. Daß riskante Reisen so etwas wie Initiationsriten sind und daß Landschaften die Seele spiegeln, beschreibt Adolf Muschg anhand von Goethes drei Reisen in die Schweiz.
Im 18. Jahrhunderts galt die Schweiz als die ideale europäische Kulisse für ein in den Alpen wiedererstandenes Arkadien und diente als Projektionsfläche für extreme Selbstversuche und Lebensträume.
Goethes erste Reise galt der Frage *»Wer bin ich?«*. Der junge Reisende suchte alle Fesseln zu sprengen auf der Suche nach einer tragfähigen Identität. Seine zweite Reise diente seiner Emanzipation als Fürstendiener: *»Wem gehöre ich?«*, *»Was soll ich in Weimar?«*, und *»Was habe ich in der Welt verloren?«* Die dritte Reise unternahm der *»Mann von funfzig Jahren«*. Sie diente einer reifen Selbstvergewisserung, der Erfahrung von Dauer im ständigen Wandel. Der Staatsmann und selbstbewußte Künstler war auf politischer und ökonomischer Recherche. »Hier, in der Schweizer Werkstatt, begegnet er, in ihre dämonischen Spielregeln immer tiefer eingeweiht, dem Rätsel der eigenen Existenz.«

Die BIBLIOTHEK DER LEBENSKUNST greift die alte Frage nach der »richtigen« Gestaltung des Lebens auf. Sie versteht sich als eine Sammlung von Reisebegleitern durch unsere Lebenswelten. Die Bibliothek bewegt sich zwischen Literatur und Wissenschaft, braucht keine Fußnoten, schärft die Wahrnehmung, lädt ein zum Denken, macht Lust zum Philosophieren – und auf die Kunst, zu leben.

ISBN 3-518-41657-X
9783518416570

BIBLIOTHEK DER LEBENSKUNST

Iso Camartin
Jeder braucht seinen Süden
136 Seiten. Gebunden *(3-518-41446-1)*

Durs Grünbein
An Seneca. Postskriptum
Seneca. Die Kürze des Lebens
88 Seiten. Gebunden *(3-518-41609-X)*

Jochen Hörisch
Es gibt (k)ein richtiges Leben im falschen
104 Seiten. Gebunden *(3-518-41491-7)*

Alexander Kluge
Die Kunst, Unterschiede zu machen
112 Seiten. Gebunden *(3-518-41448-8)*

Adolf Muschg
Von einem, der auszog, leben zu lernen
Goethes Reisen in die Schweiz
88 Seiten. Gebunden *(3-518-41657-X)*

Hannelore Schlaffer
Das Alter
Ein Traum von Jugend
112 Seiten. Gebunden *(3-518-41492-5)*

Wilhelm Schmid
Schönes Leben?
Einführung in die Lebenskunst
184 Seiten. Gebunden *(3-518-41207-8)*

Wilhelm Schmid
Mit sich selbst befreundet sein
436 Seiten. Gebunden *(3-518-41656-1)*

SUHRKAMP

SV

Theodor Brunsheim
Am Park 5
52511 Geilenkirchen
26/1/2005

Adolf Muschg

Von einem, der auszog, leben zu lernen

Goethes Reisen in die Schweiz

Suhrkamp

Umschlagabbildung: Caspar Wolf. Panorama des Grindelwaldtales mit Wetterhorn, Mettenberg und Eiger (Ausschnitt), um 1774. Aargauer Kunsthaus, Aarau

Druck: Clausen & Bosse, Leck
Printed in Germany
Erste Auflage 2004
ISBN 3-518-41657-X

1 2 3 4 5 6 – 09 08 07 06 05 04

Von einem, der auszog,
leben zu lernen

Kleines Vorwort

»Der Mensch spielt nur, wo er in voller Bedeutung des Wortes Mensch ist, *und er ist nur da ganz Mensch, wo er spielt.* »So Schiller im fünfzehnten Brief seines Traktats »Über die ästhetische Erziehung des Menschen (1795). Man liest den kursiv gedruckten Satz mit Erschütterung und Rührung, denn er leuchtet aus der ernsthaftesten und strengsten, an Kants Imperativen geschulten Konstruktion des Menschen heraus und gönnt ihren Antithesen einen Augenblick gespannter Ruhe. Der »Spieltrieb« also, gerade das müßigste, grundloseste und überflüssigste aller Bedürfnisse soll es sein, das den Menschen zu sich selbst kommen läßt, indem er sich vergißt. Im Spiel ist er ganz frei von Zweck und Zwang, gleich weit entfernt von den Forderungen der Natur wie vom sittlichen Anspruch an sich selbst. Die von Gegensätzen beladene Last der Existenz ist aufgehoben und leicht, eben *spielend* zu bewegen, denn sie ruht auf ihrem Schwerpunkt in vollkommenem Gleichgewicht.

Und doch – so Schiller – soll dieser Punkt unbeschränkt belastbar sein, denn er vermag den »doppelten Ernst der Pflicht und des Schicksals« scheinbar mühelos zu tragen, »das ganze Gebäude der ästhetischen Kunst und der noch schwierigeren Lebenskunst.« »Ich verspreche es Ihnen«, hat er seinem Adressaten, dem dänischen Herzog von Holstein-Augustenburg, fast beschwörend beigefügt. Denn die Abhandlung in Briefform ist die Gegengabe für ein Stipendium des dänischen Herzogs von Holstein-Augustenburg, das den Dichter unverhofft aus bedrängter Lage gerettet hat. »Über die ästhetische Erziehung des Menschen« ist mehr als ein »Fürstenspiegel«, das Lehr-Stück des Bürgers an einen großen jungen Herrn *ad usum delphini.* Es ist, als Entwurf eines neuen Menschen, auch ein Gegen-Bild zur Französischen Revolution. Und in seiner intimsten Schicht ist es eine Demonstration von Freiheit im höchsten Sinn: demjenigen der Selbstüberwindung. Denn sein verschwiegener Adressat ist ein anderer: Goethe, zugleich Modell und Gegenspieler auch dieser philosophischen Schrift aus den Neunzigerjahren.

Schillers unbeugsamer Wille, das Korrektiv seiner kränklichen Natur, disponierten ihn durchaus nicht zu etwas wie Lebenskunst. »Was unsterblich im Gesang soll leben, / Muß im Leben untergehn« – so lautet in den »Göttern Griechenlands« die besser passende Maxime einer Produktion, die, zum Konflikt mit der Sinnlichkeit verurteilt, immer für den Sprung ins Erhabene gerüstet blieb. Aber immer wieder ist sich Schiller schuldig, es anders und schöner zu wissen. Im *Spiel* optiert er für eine Versöhnlichkeit der »Triebe«, die seinem Pathos, seiner persönlichen Erfahrung widerspricht. Aber er hat sie im Umgang mit einem Andern gemacht und bei diesem unwiderleglich gefunden. »Neben Goethe bin und bleibe ich ein poetischer Lump.« Die Konsequenz kann bei Schiller nur nobel sein, und der Radikalist der Freiheit hat sie als (erster) Leser des »Wilhelm Meister« in dieses große Geständnis gekleidet: »Gegenüber dem Vortrefflichen gibt es keine Freiheit als die Liebe.«

Goethe, der Verehrte, nimmt – wenige Jahre nach Schillers Tod – die Reverenz in die »Wahlverwandtschaften« auf, freilich in bezeichnender Variation: »Gegen große Vorzüge eines anderen gibt es kein Rettungsmittel als die Liebe.« Kein *Rettungsmittel*: der Lebenskünstler zeigte sich auch darin, daß er in unlösbaren Lebenssituationen die Flucht wählte. Immerhin: er *hatte* diese Wahl. Und der weniger begünstigte Schiller zeichnet den Gegensatz wieder in charakteristischer Noblesse: »Weil er der Glückliche ist / Kannst du der Selige sein.« »Selig« heißt derjenige, der sich mit dem Anschauen des schönen Lebens begnügen kann (und muß), das dem Andern unmittelbar zu Gebote steht.

Diesem Andern gaben es die Götter »ganz«, die Fülle des Glücks wie des Unglücks. »Der eine hat's, der andere liebt's« wäre die volkstümliche Version des Kontrastprogramms, dem die beiden Klassiker seither als Darsteller dienen: der »sentimentalische« Dichter und der »naive«. Allerdings war Schiller, der Schöpfer dieser Kategorien, der letzte, die »Naivität« Goethes mit derjenigen der alten Griechen zu verwechseln. Gemeint war eine Form der Lebensunmittelbarkeit, die es nicht nötig hatte, sich von »Kunst« zu unterscheiden – und der es darum auch nicht in den Sinn gekommen wäre, »Lebenskunst« als philosophische Utopie zu feiern.

»Lebenskunst« – ich habe den Begriff im Goethe-Wörterbuch umsonst gesucht, das sonst mit Zusammensetzungen seines Haupt- und Herzenswortes nicht geizt. »Lebensband«, »Lebensflut«, »Lebensfolge«, »Lebensgarten«, »Lebensgenuß«, »Lebensglück«, »Lebensgrund«, »Lebenshauch«, »Lebenskraft«, »Lebensmensch«, »Lebenspein«, »Lebensstoff«, »Lebenstage«, »Lebenstätigkeit«, »Lebensüberdruß«, »Lebenszweig«... zahllos und artenreich ist die Blutsverwandtschaft der Großen Mutter Natur. Auch ein Wortbild wie »Lebenskeimpunkt« kann in Goethes morphologisch bewegtem Universum nicht überraschen. Sogar »Lebensschrift« kommt vor, als für Goethe typische Schönrede des Todes, den er sich auch als alter Mann zu »statuieren« weigerte. »Eine Grabschrift ist ja eigentlich eine Lebensschrift, indem sie die Grabstätte durch die Erinnerung an das Leben beleben soll. Dient sie also als Gegengewicht des Todes, warum sollte sie nicht auch dem Lebendigen ein Übergewicht geben?« Man denkt an den »Saal der Vergangenheit« der »Lehrjahre«, wo die hermaphroditische Mignon in kunstvoll hergerichteter Lebensfrische beigesetzt wird.

Lebenskunst, könnte man zu sagen versucht sein, sei bei Goethe alles, darum brauche sie als gesonderte Vorstellung nicht zu erscheinen. Und tut sie es einmal nebenbei doch, so hat sie einen Einschlag ins Praktische – als wäre sie eine Art Geschäftsgeheimnis, wie in dieser von Riemer im August 1810 überlieferten Äußerung: »Es verrät keiner dem andern die Handgriffe einer Kunst oder eines Handwerks, geschweige denn die vom Leben.« Das gehört ins Kapitel »Lebensregel«, bei der die »Lebenshilfe« moderner Ratgeber nicht fern ist: »Ich habe vom Sittlichen einen Begriff als von einer Diät, die eben dadurch nur Diät ist, wenn ich sie zur Lebensregel mache, wenn ich sie das ganze Jahr nicht außer Augen lasse.«

Man wird also Goethes Lebenskunst nicht »statuieren« können. Man muß sie am Werk sehen, ohne sich davon – getreu seiner Maxime »Was ist das Allgemeine? der einzelne Fall« – einen abstrakten Begriff zu bilden oder gar ein Rezept dahinter zu vermuten. Auch »Lebensweisheit« trifft die Sache nicht recht. Denn subjektiv sind Täuschung, Illusion, höhere Ahnungslosigkeit und Narretei an diesem umfassenden Lebenstext ebenso gewiß beteiligt wie »objektiv« die Ironie des Schicksals, die List der Vernunft und die Zeichen höherer Fügung, von Goethe gern das »Obere Leitende« genannt. Daraus werde dann – am »sausenden Webstuhl der Zeit« – ein »Lebensgewebe«.

Für diesen Ausdruck findet sich in den »Schriften zur Literatur« ein sprechender Beleg: »Das Gewebe unseres Lebens und Wirkens bildet sich aus gar verschiedenen

Fäden, indem sich Notwendiges und Zufälliges, Willkürliches und Rein-Gewolltes, jedes von der verschiedensten Art und oft nicht zu unterscheiden, durcheinanderschränkt.« So steht es in Goethes Anmerkungen zur französischen Übersetzung seines dramatischen Werks, die der Übersetzer, Albert Stapfer, mit einer »Notice sur la Vie et les Ouvrages de Goethe« eingeleitet hat. Es handelt sich also um eine Selbstrezension höheren Grades, in Goethes Sprache: eine »wiederholte Spiegelung« – das Phänomen, an dem er in seinen Nachträgen zur »Farbenlehre« besonderen Geschmack fand, weil sich die Natur bei den »entoptischen Farben« unmittelbar – ohne Zwischenschaltung einer »Maschine« wie des Newtonschen Spektrums – selbst als Künstlerin in Spiellaune produziert.

Diese kleine Gewebeprobe mag zur Einstimmung in den folgenden Bericht von Goethes drei Schweizer Reisen dienen. Sie entfalten seine »Lebenskunst« im Medium der Lebenszeit – in unvermeidlicher Verbindung mit der von ihm eher abschätzig behandelten Weltgeschichte, zuerst aber in unermüdlicher Annäherung an die Natur. Diese sucht er in ihrer besonders exponierten, um nicht zu sagen: bevorzugten Schweizer Werkstatt auf. Hier begegnet er, in ihre dämonischen Verfahren und Spielregeln immer tiefer eingeweiht, dem Rätsel der eigenen Existenz.

»Das Gewebe unseres Lebens« – auch der Goethe-Übersetzer, der ihm diese Formulierung entlockt, ist Schweizer. Hätte Philippe-Albert Stapfer seine »Voyages pittoresque de l'Oberland, ou Description de vues prises dans l'Oberland, district du canton de Berne« (1812) früher verfaßt, er hätte Goethe als Reiseführer dienen können. Aber der im noch bernischen Waadtland zweisprachig aufgewachsene Pfarrerssohn Stapfer fand erst ein Jahrzehnt nach Goethes letzter

Schweizer Reise die für literarische und historische Projekte nötige Freiheit. Dazwischen liegt die Besetzung der Schweiz durch französische Heere. Als Zeuge und Sympathisant der Pariser Revolution war Stapfer, Professor für deutsche und lateinische Sprache in Bern, 1798 an die Spitze der von Frankreich oktroyierten helvetischen Einheitsrepublik berufen worden, wo er als Kulturminister umfassende Reformen im Erziehungswesen einleitete, ohne Zeit und Mittel zu haben, sie in dem finanziell ausgebluteten und von inneren Unruhen zerrissenen Staatswesen auch durchführen zu können. Er diente ihm noch bis 1803 als bevollmächtigter Gesandter in Paris und zog sich, als Napoleons Mediationsakte den helvetischen Zentralstaat wieder kassierten, ganz vom politischen Leben zurück. Seine letzten Jahrzehnte in Paris widmet er als Biograph, Historiker, Publizist und Übersetzer dem Brückenschlag zwischen den Kulturen und wirkte als Partner ausgezeichneter Zeitgenossen in jener Sphäre der »Weltliteratur«, die der alte Goethe zur Überwindung nationaler Enge verkündet hatte.

Die Verbindung Stapfers mit Goethe über dessen Werk ist also ein Faden jenes »Gewebe[s] des Lebens«, in dem sich das Intime mit dem Epochebildenden, das Individuelle mit dem Übergreifenden »durcheinanderschränkt«. Der folgende Essay über Goethes Schweizer Reisen versteht sich als Versuch, die Textur von Goethes Lebensarbeit auf den Ausschnitt einer bestimmten Topographie zu begrenzen. Vorgestellt wird aber eher ein Fragment mit ausfasernden Rändern, wo bald die eine, bald die andere Farbe des Gewebes unverbunden hervorscheint – die literarische, die naturwissenschaftliche, die politische, die intim-biographische. Aber wenn auch das Werkstück unvermeidlich Stückwerk bleibt: das Muster, nach dem es gewirkt ist, sollte dem Leser nicht verborgen bleiben, auch wenn es das Geheimnis seiner Bindung zuverlässig bewahrt. Denn sein verborgener Weber und Wirker ist erhaben auch über das, was wir »Lebenskunst« nennen; Goethe hat ihn am liebsten unter seinem mütterlichen Namen verehrt: Natur. »Sie hat keine Sprache noch Rede, aber sie schafft Zungen und Herzen, durch die sie fühlt und spricht.« *Was* wir davon fühlen, und *wie* wir darüber sprechen, macht das Alphabet unserer »Lebensschrift« aus.

»Es ist ein angenehmes Geschäft, die Natur zugleich und sich selbst zu erforschen, weder ihr noch seinem Geiste Gewalt anzutun, sondern beide durch gelinden Wechseleinfluß miteinander ins Gleichgewicht zu setzen.«

Es kann nicht verboten sein, aus dieser Maxime Goethes, mit ihrer Warnung vor Gewalt und Ungeduld, ihrer Vorliebe für die Behutsamkeit, auch eine Maxime des persönlichen Lebens zu machen – unbekümmert darum, ob sie schon »Lebenskunst« heißen darf. Denn das Leben weiß nichts von Kunst; und oft ist auch die beste Kunst des Menschen nicht gut genug, daß ihm das Leben gelingt.

Von einem, der auszog, leben zu lernen

Und weil der Prinz so sehr daran gewöhnt ist, wie er denn in jedem Lustschloß seine Natur hat, so haben wir auch eine *Reisenatur*, die wir auf unseren Zügen überall mit herumführen. Unser Hofetat ist mit einem sehr geschickten Manne vermehrt worden, dem wir den Titel als *Naturmeister, Directeur de la nature*, gegeben haben. Er hat eine große Anzahl von Künstlern unter sich. (...) Was uns allein noch abgeht, sind die kühlen Lüftchen. Die Versuche davon sind immer noch unvollkommen; wir hoffen aber, aus Frankreich auch diesem Mangel nächstens abgeholfen zu sehen.

aus Goethes »Der Triumph der Empfindsamkeit«

1 Etwas zum Schauplatz und seiner Geschichte:
Im späten 18. Jahrhundert, von dem hier zu berichten ist, existierte eine schweizerische Nation erst als Wille und Vorstellung. »Helvetien« war eine Kopfgeburt gelehrter Humanisten, bevor es zur Herzenssache von Patrioten – das hieß damals: Parteigängern der bürgerlichen Revolution – werden konnte, die nach 1798, im Schutz und unter dem Druck der französischen Waffen, eine »helvetische« Republik ausriefen. Bei aller Kurzlebigkeit war das zentralistische Experiment, in dem alte Untertanenverhältnisse abgeschafft und neue Kantone gebildet wurden, der Schmelztiegel, in dem die »Alte Eidgenossenschaft« unterging, um ein halbes Jahrhundert später, umgegossen zum Bundesstaat, in

der heute noch bestehenden Form wiedergeschaffen zu werden.

Goethes drei Schweizer Reisen fallen in die letzten Jahrzehnte des Ancien régime. Die Schweiz, in der er sich bewegte, war ein lockeres Bündnis kleiner und kleinster Staatswesen, das sich seit dem Spätmittelalter aus dem Schoß des römisch-deutschen Kaiserreiches zur faktischen, nach dem Dreißigjährigen Krieg auch zur rechtlichen Unabhängigkeit entwickelt hatte. Es war ein Konglomerat von 13 Republiken, »Orte«, auch »Stände« genannt, mit ihren Untertanengebieten und »gemeinen Herrschaften«; dazu kam ein äußerer Kreis »zugewandter Orte« wie Graubünden, das Wallis oder die Stadt Genf. Daß sie republikanisch verfaßt waren, hob den Antagonismus Städte–»Länder« (nur die letzteren konservierten »demokratische« Elemente der germanischen Rechtstradition) nicht auf, so wenig wie den jüngeren konfessionellen Gegensatz. Die gemeinsame Leistung der Eidgenossen war pragmatisch und bestand vor allem darin, daß es, aufgrund »ewiger« Verträge, im Schoß der »Tagsatzung«, des einzigen schwerfälligen Bundesorgans, von Fall zu Fall immer wieder gelang, gemeinsame Interessen zu definieren und ihnen die partikularen so weit unterzuordnen, daß Differenzen nicht geradezu zur Auflösung des Bundes führten. In dieser Schule entstanden jene Reflexe und Gewohnheiten, die bis heute für die politische Kultur der Schweiz bestimmend geblieben sind: einerseits außenpolitische Abstinenz, die das Konfliktpotential des Bündnisses unter Verschluß hält, anderseits die Pflege der Konkordanz im Inneren, eine Kultur subtiler Verrechnung wechselseitiger Vorteile, bei der man sich das Stillhalten von Minderheiten etwas kosten läßt. Das eigentliche Staatskunststück der Schweiz bestand immer darin, die nötige Statik des Systems mit seiner nicht weniger nötigen Bewegungsfähigkeit zu vereinbaren, woraus sich eine charakteristische Arbeitsteilung zwischen Politik und Wirtschaft herausgebildet hat. Diese profitierte grenzüberschreitend von einer formalen Auslegung der Neutralität, während sie jene als »Prinzip« verteidigte und damit die staatliche Verpflichtung in den eigenen Grenzen hielt. Die Schweiz ist kein »natürliches« Staatswesen; ihre Identität beruht auf der Verläßlichkeit ihrer Gewohnheiten. Und da ihre eigentlich wirksamen Verträge die ungeschriebenen sind, lebt ihr Zusammenhalt nicht nur von sogenannten Zauberformeln, sondern mehr noch davon, daß sie nicht laut werden. Denn was zu deutlich ausgesprochen wird, trennt.

Die Schweiz, die Goethe bereist hat, unterscheidet sich von der heutigen vor allem durch zweierlei: sie war noch kein Land verbreiteten Wohlstandes, und sie war weniger mit sich selbst beschäftigt. Ihr Bild wurde ihr sehr weitgehend von außen besorgt; und an dieser Außenperspektive waren Schweizer »natürlicher« beteiligt, denn ein großer Teil der männlichen Bevölkerung lebte vom Export seiner militärischen Tüchtigkeit, die Stanyan, der englische Botschafter im alten Bern, noch als die wichtigste Ressource des armen und wenig geschäftstüchtigen Landes betrachtet. Die Eliten der Alten Eidgenossenschaft – auch diejenigen der »Länder« – hatten als Offiziere in fremden Diensten nicht nur ein politisch nutzbares Netzwerk aufgebaut, sondern auch ihre persönliche Bildung und den Fundus ihrer Regierungsfähigkeit erworben.

Mit der globalisierten Schweiz von heute verglichen, war die Alte Eidgenossenschaft des 18. Jahrhunderts ein kosmopolitisch erfahrenes, nicht nur in seiner aristokratischen Oberschicht weltbürgerlich offenes Land. Die kleineren Verhältnisse waren empfindlicher für die größeren. Wenn das Ausland gleich vor den Stadtmauern begann, war es nicht gut als Fremde zu behandeln, und der geringere Informationsfluß sorgte für eine nachhaltigere Wirkung und Bearbeitung ernst zu nehmender Neuigkeiten.

2 Ein europäischer Reisender begegnete damals in der Schweiz einem nicht nur für seine Naturschönheit, sondern für seinen Frieden bemerkenswerten Land. Und ob er diesen Frieden für einen Glücksfall oder aber für morsch und faul hielt, ob er der berühmten »Freiheit« des Landes mehr oder weniger traute, hing schon damals vom Gesichtspunkt – und sogar von der Stimmung – des Betrachters ab. Bei Goethe reicht das Spektrum vom Lob des Asyls – »nun geh mir's, wie's wolle, hab ich doch immer da einen Zufluchtsort« – bis zur Denunziation der »Freiheit« als Lebenslüge. So in den Werthers Leiden nachgelieferten Briefen seiner vorgeblichen Schweizer Reise. »Frei wären die Schweizer? frei diese wohlhabenden Bürger in den verschlossenen Städten? frei diese armen Teufel an ihren Klippen und Felsen? Was man dem Menschen nicht alles weismachen kann! besonders wenn man so ein altes Märchen in Spiritus aufbewahrt.« Man geht wohl nicht fehl, wenn man den Grund für solche Schwankungen zuerst in Goethes unterschiedlicher Disposition für die Dominanz der Natur über das Leben der Schweizer vermutet – auch sie kam ihm abwechselnd erhebend und bedrückend vor. »Erst in späteren Jahren, wo ich die Gebirge bloß in mineralogischer Hinsicht betrachtete, konnte ich mich ruhig mit ihnen befassen«.

Damit ist, im Kern, das Programm der Reisen bezeichnet. Sie sind ein Selbstversuch in drei Anläufen, sich aus der Unruhe – die dem Reisenden gewissermaßen als Exzeß der Topographie entgegentrat – zur Ruhe angemessener Gegenständlichkeit und schließlich zur Versicherung des Dauerhaften im Wechsel aller Dinge zu erheben. Was ihm die Französische Revolution als Ereignis der menschlichen Geschichte bedeutete, das wurde die Schweiz für die Betrachtung der Natur: eine Provokation seines Bedürfnisses nach Gesetzmäßigkeit; ein Anlaß zur fortgesetzten »Gewältigung«.

3 Dabei versteht sich, daß die Schweiz, als Gelobtes Land des 18. Jahrhunderts, kein Natur-Produkt war, obwohl sie gerade als solches, als Ur-Landschaft, gesucht und gefeiert wurde. Es waren religiös vorgezeichnete, kulturell vermittelte Landschaftsbilder, denen der Reisende in die Schweiz begegnete (und bis heute begegnet, wo die Tourismus-Industrie die Legenden dazu liefert) – was ihrer Realität »natürlich« nichts wegnimmt, sondern sie erst begründet. Was wir »Realität« nennen, verschiebt sich nur im Katastrophenfall auf der Ebene der Realien; es ereignet sich auf der Ebene ihrer Beleuchtung. Bilder werden nicht durch sogenannte Tatsachen korrigiert, sondern wiederum durch Bilder, die neue Tatsachen schaffen; denn sie gehören in einen neuen epochemachenden Deutungszusammenhang. Kultur ist der Streit der Zeichen um ihre Geltung, der Zeichendeuter um das Eintreffen ihrer Orakel. Es ist eine Frage des Kulturwandels, des verbesserten Fremdenverkehrs, ob eine Gemeinschaft die neue Lesart gelten läßt, gar als neue Muttersprache der Phänomene übernimmt. Dann erst können etwa die Alpen zu »Wahrzeichen« der Schweiz werden, zur mythischen Bürgschaft ihrer Identität.

Aber die Natur ist keine Erfindung der Bauern, auch die Schönheit der Alpen wurde nicht von Einheimischen bemerkt. Wer auf steinigem Boden ackern und rackern mußte, für den blieb die Umwelt zugleich Widerwelt, eine gewalttätige Ernährerin, mit der kein ewiger Bund zu flechten war und die mit Hilfe übergeordneter Mächte gebannt und zu ihrer kargen Spende gezwungen werden mußte. Nach Petrarcas berühmter Besteigung des Mont Ventoux 1336 dauerte es noch Jahrhunderte, bis die europäische Zivilisation für den Alpen-Kult frei geworden war, jedenfalls in ihren begünstigten, auch für ihre eigenen Widersprüche genußfähigen oberen Ständen. War der Blick auf die Berge früher von der Heiligen Schrift gesteuert, die in ihnen Nachbilder des Sinai, Horeb oder der Wüste (der Gottesbegegnung wie der Teufelsversuchung) zu erkennen gebot, so waren es im 18. Jahrhundert literarische Prä-Texte, kunstmäßige Vor-Bilder, wie das »Gemälde Cabinet« des Alpenmalers Caspar Wolf, welche – anders als die christliche Topographie - leibhaft betreten, mit eigenen Augen nachgelesen werden wollten.

Die empfindsame Optik jener Epoche, ihre abenteuerlustige Vernunft hat die Schweiz zu dem gemacht, was sie bis heute »ist«. Und das heißt: was die vorgebildete Kundschaft (Schweizer eingeschlossen) in ihr sahen, zu sehen bereit waren, wenn sie von überall her, aus England zuerst, in die Alpen reisten, um sie durch ihre Reise wiederum als Wallfahrtsziel zu bestätigen.

4 Dank Hallers »Alpen« und Geßners »Idyllen« war die Schweiz so zum Natur-Park der Kultivierten geworden; Goethe selbst spricht einmal davon, daß Anleger von Parks sich nur an das Muster der Schweizer Landschaft zu halten brauchten. Gemeint war natürlich eine Anlage nicht mehr im französischen, sondern im englischen Geschmack, in denen die Natur zum Schein sich selbst überlassen bleibt. Auch ihre literarischen Äquivalente bezog man vorzugsweise aus britischen Quellen: von Shakespeare den Wildwuchs, das Erhabene von Milton, die Einsamkeit und Melancholie von Ossian – der Mystifikation einer bardischen Vorwelt.

Die Schweiz wurde zum Mutterland der Natur. Hier war sie einheimisch, hier rauschten ihre Quellen; sie lieferte den Fundus, aus dem sich weniger begünstigte Provinzen bedienten. Wo es in Deutschland gebirgig und malerisch zuging, kam der neuen Naturfrömmigkeit wie von selbst der Name »Schweiz« auf die Lippen und ist an der sächsischen, märkischen oder holsteinischen »Schweiz« bis heute haften geblieben. Natürlich sind diese Naturbilder auch dem bösen Witz, einer anderen Spezialität des 18. Jahrhundert, nicht entgangen. In Goethes »Triumph der Empfindsamkeit« wird die »Reisenatur, die wir auf unseren Zügen überall mit herumführen«, vorgestellt, eine Maschine, die dem narzißtischen Prinzen Oronaro dazu dient, sich an jedem Ort der Welt in künstliche Einsamkeit zu versetzen. Aber nicht nur das Mediale und Affektierte des neuen Naturbildes, auch seine Differenz zur groben Wirklichkeit ist dem Geist der Epoche humoristisch bewußt. In seinen Reisen bricht immer auch der Narr auf, dem sich das Allzumenschliche seines Veränderungswunsches als Tücke nicht erst der Gastwirte und Wegelagerer, sondern bereits der Objekte seiner Sehnsucht offenbart. Auch der aufgeklärte Pilger führt immer noch die alte *Vanitas* im Gepäck, sein zuverlässigster Reisebegleiter ist der Wahn, »der betrügt« (so das Motto des barocken »Simplizissimus«): das Illusionäre der schönsten Absicht, die schon ein gebrochenes Rad, ein durchgehendes Pferd vereiteln kann. Nirgends wie auf Reisen zeigt sich mit den Wundern der Welt ihre »gebrechliche Einrichtung« – um Kleist zu zitieren, dessen Schweizer Aufenthalt in Thun die reine Karikatur einer utopischen

Erwartung gewesen ist, die er daran geknüpft hatte. Auch die erhabenste Natur wird zum Spott, solange die menschliche Natur nicht darüber erhaben ist, sich über einen Maulwurfshügel den Hals zu brechen.

Und doch: so wenig im christlichen Mittelalter die symbolische Präsenz Jerusalems in der Architektur der Gotteshäuser vom Kreuzzug ins reale Heilige Land dispensierte, so gewiß mußten die Pilger der Empfindsamkeit die Urheimat der Guten Mutter einmal leibhaft betreten und bereist haben, um dort zu finden, was sie gesucht hatten: die originale Berghütte, das Muster ihrer gefühlvollen Eremitagen; die wahre Unschuld der Hirtinnen und Hirten, die sie bewohnten, und die »Milch der frommen Denkart«, von der sie sich nährten. Diese blieben die passende Inszenierung nicht schuldig, denn sie lernten ihrerseits, sich von den Erwartungen der Gäste zu ernähren. Und mit zunehmender Professionalisierung ihrer Gastlichkeit machten sie sich auch selbst ein Bild, das sich so gut verkaufte, zu eigen.

5 Die Kulisse des in den Alpen wiedererstandenen Arkadiens ließ sich mit so manchem Wunschbild der Epoche ausstaffieren. Die naive Freiheit der Hirten führte auch eine utopische, ja messianische Komponente mit. Rousseaus epochale Gestalt schlägt den Bogen von der natürlichen Erziehung des Individuums zum *Contrat social*, in dem es seine republikanische Tugend entfaltet und zur Revolte gegen unnatürliche Verhältnisse bereit ist. Niemand pflegt für diese Botschaft empfänglicher zu sein als die dissidenten Söhne der Oberschicht, wie der von Lessing gefeierte Berner Samuel Henzi, den sein »Patriotismus« ebenso aufs Schafott brachte wie den Zürcher Pfarrer Waser oder Major Davel, den Märtyrer eines freien Waadtlandes. Aber auch der fromme Patrizier Albrecht von Haller setzte der Patriarchenluft seiner »Alpen« das nötige Salz zu: »Hier brennt die Liebe frei und scheut kein Donnerwetter / Wir lieben vor uns selbst und nicht vor unsere Vätter«!

Niemals zuvor, und danach nie wieder – den politischen Mai 1848 vielleicht ausgenommen – ist die Schweiz wie im 18. Jahrhundert ein Herzland des gebildeten Europa gewesen, ein vom Heimweh (übrigens einer typischen, auch klinisch beschriebenen Schweizer Krankheit) aller empfindsamen Kosmopoliten besetzter Boden für heilbringende Phantasien, für philanthropische, lebensreformerische und menschheitspädagogische Musterhaftigkeit. Aber sie wurde nicht nur auf die Schweiz projiziert, sie ging auch von Schweizern aus und machte Pestalozzi, Fellenberg und Lavater, aber auch den Bauern Kleinjogg zu Lehrern der Zivilisation. Geßners »Idyllen« waren ein europäischer Bestseller und gehörten noch zu Napoleons Leiblektüren. Seit Bodmer und Breitinger dem trockenen Aufklärungsdiskurs die frische Weide des »Wunderbaren« gezeigt und den jungen Klopstock in die Würde eines »heiligen« Dichters im Stile Dantes und Miltons eingesetzt hatten, war, wenn nicht geradezu die Definitions-, so doch die Stimmungshoheit des kulturellen Diskurses in Europa allen Ernstes an das machtpolitisch irrelevante Gemeinwesen in den Alpen übergegangen. Es wurde nicht nur wegen seiner Naturschönheit, sondern auch dank seiner Themenkompetenz zum Pilgerziel der intellektuellen Jugend, und seine Söhne waren an vielen europäischen Höfen präsent. Die Maler Füßli und Zünd, der Universalgelehrte Haller, der Arzt Zimmermann, der Ästhetikprofessor Sulzer, der Historiker Johannes von Müller gehören zu den Gründerfiguren der Epoche und bezeugen einen Geist der Schweiz, der sich nicht an ihre Grenzen binden ließ.

Analoges gilt übrigens auch für die französische Schweiz, die kein provinzieller Ableger Frankreichs, sondern ein selbstverständlicher Teilnehmer seiner Entwicklung war. Aber bevor die Revolution dem Rousseauschen »Zurück zur Natur« die bekannte welthistorische Wendung gab, die es zum politischen Streitfall machte, stimmte die Zivilisation in der kulturellen Lesart des Rufs: zu den Quellen! zurück zum Ursprung! weitgehend überein.

Die Schweiz des 18. Jahrhunderts war eine Hauptdarstellerin dieser Ursprungslandschaft. So konnte die vorzeitliche Aura, die um ihre Menschen und Einrichtungen schwebte, zur zeitlosen werden, zum Traum einer neuen Schöpfung. Im erhabenen Zentrum des Gartens Eden entsprangen vier Ströme in alle Himmelsrichtungen der Zivilisation. Besonders heilig war der »deutsche Rhein«, der seine Jugendlichkeit mit einem epochemachenden Sprung zu erkennen gab: dem Rheinfall bei Schaffhausen, Lieblingstopos und Seelenspiegel für eine ganze Generation.

Überhaupt wurde die großartigste Epochenlandschaft deutscher Sprache mit schweizerischem Wasser gespeist: von Klopstocks »Zürcher See« über Goethes Staubbachfälle bis zu Hölderlins »Rhein«-Hymne. Ein Mythenkreis, dessen Heros der entfesselte und wieder gebändigte Titan ist. Weniger metaphorisch: der am Bild der Alpen eingeübte und geschärfte Blick auf Höhen und Abgründe, Risiken und Chancen der Zivilisation.

6 So hoch besetzt war sie schon, die Landschaft, durch die Goethe 1775 zum ersten Mal gereist ist, mit 26 Jahren, in kleiner Gesellschaft auf der Flucht vor der größeren, ständisch erstarrten – vor ihrer Unfreiheit und Leere, aber auch vor den Ansprüchen, die sie auf die Flüchtigen erhob. Die

Suche nach einem Land, wo zwangloser zu leben war und der Adel der Seele mehr galt als derjenige der Geburt, hatte die Freunde »natürlich« in die Schweiz geführt. Der eine der Grafen Stolberg floh zudem vor einer verunglückten Liebe, wie Goethe selbst vor einer zweifelhaften Verlobung.

Die Reisenden folgten einem doppelten, nur scheinbar widersprüchlichen Impuls: sie wollten alle Fesseln sprengen, und sie suchten die Grenze einer tragfähigen Identität. Wenn Goethe die Richtung Italiens einschlug, gehorchte er einem väterlichen Szenario und zugleich dem Bedürfnis, diesem zu entrinnen, wie der Bindung an Lilly Schönemann. In beidem fürchtete er die Verhaftung im Definitiven stadtbürgerlicher Lebensform. Der gelernte Jurist war jetzt auch ein Dichter, seine Differenz zur Konvention hatte ihn notorisch gemacht; zugleich lieferte »Werther« den Nachweis, daß sie nicht zu leben war. Die – im Sinn von Lukács' Romankriterien – »zu weite« Seele war an sich selbst gescheitert, sie hatte sich von der Welt, die ihrem Gefühl nicht hatte genugtun können, losgerissen. Wohin den Verfasser das neue Leben führen sollte, das ihm neue Bruderschaften, vor allem diejenige mit Herder, eröffnet hatten, war noch nicht abzusehen, und auch der »Schönen Seele«, die er sich im Umgang mit Mutters pietistischem Frankfurter Zirkel anprobiert hatte, traute er nicht.

Es war also ein Durchbruch, wenn nötig: ein Titanensturz fällig, wie ihn die Natur im Rheinfall inszenierte. Man reiste in die Schweiz, um Bilder zu finden, die der eigenen Seele glichen, aber noch mehr, um Zuflucht zu suchen vor der Hauptfrage, die einen flüchtig gemacht hatte: Wer bin ich? Moderner gesprochen: Was ist »Ich«?

Diese Zuflucht versprach den Schweiz-Pilgern vor allem ein Mann, der – als Genie der Physiognomik – Gesichter lesen konnte und dem auch das Verborgene offen vor prophetisch geweiteten Augen lag: Lavater. Zugleich stand der Pfarrer am Zürcher St. Peter bei aller weltklugen Objektivität im Geruch vollkommener Menschenliebe. Goethes erste Schweizer Reise war eine Wallfahrt zum Älteren Bruder, dem Besitzer einer Großen Seele und Verkündiger einer irdischen Gemeinschaft der Heiligen. Wer, wenn nicht dieser, besaß den Schlüssel zum Geheimnis der geretteten Identität?

7 Daß diese Verheißung nicht haltbar war, auch wenn Goethe noch vier Jahre später, auf seiner zweiten Schweizer Reise, an ihr festhielt, lag weniger an Lavater als daran, daß Goethe dem Unmittelbarkeitsglück mißtrauen, dem Enthusiasmus als Medium absagen lernte. In seiner »Stella« hatte er die Probe darauf gemacht, ob sich die väterliche Autorität nicht durch eine neue Freiheit der Kinder ablösen lasse, zugleich Geschwister *und* Liebende zu sein. Auch die Geschlechtlichkeit sollte sich familiär, ohne Besitztrieb und Alleinvertretungsanspruch leben lassen. Die Liebe des Mannes hoffte von ihren eigenen Widersprüchen durch die Liebesfähigkeit der schwesterlichen Frau geheilt zu werden.

Die Utopie auf dem Papier schlug fehl: die Wärme des Gefühls genügte nicht zum Umschmelzen der sozialen Wirklichkeit; viel eher verwischte sie die Grenze der Person und überschritt den Respekt vor ihr. Auch wenn Lavater seinen Goethe »Bruder« nannte: die Autorität, mit welcher er sich dabei in der Nachfolge Christi wähnte, besaß den Schlüssel zu Goethes Natur nicht und immer weniger. So blieb nicht aus, daß der Jünger in Lavaters Heilsbotschaft wieder die Sprache väterlicher Zumutung vernahm.

Die Schweiz sollte aber auch in einem andern Sinn Goethes »Vaterland« werden, denn er kam in den Fall, sich eines ihrer Söhne väterlich anzunehmen. Auf dem Weg nach Zürich hatten die Reisebrüder den schwärmerischen Baron Lindau in seiner Eremitage auf dem Albis heimgesucht. Dieser adoptierte den zehnjährigen Hirtenbuben Peter Imbaumgarten aus dem Berner Oberland und sandte ihn zur Veredelung in eine Pädagogische Provinz, das berühmte Philantropinum des Ulysses von Salis im graubündischen Marschlins. Bevor Lindau als hessischer Offizier englische Dienste nahm und in die Neue Welt übersetzte, legte er das Schicksal des Wildfangs samt einer Vergabung in Goethes Hand. Lindau fiel bei der Verteidigung Manhattans gegen die aufständischen Amerikaner, und Goethe nahm Peter in den Männerhaushalt seines Gartenhauses auf und ertrug eine Weile sogar den Hund und den Tabakdampf des Gastes. Doch als dieser den Büstenkopf Lavaters über und über (bis auf die Augen) mit Tinte einschwärzte, reichte ihn der entsetzte Vormund einem andern seiner Schutzbefohlenen zur Erziehung weiter. Die Luft Weimars bekam dem störrischen Alpensohn nicht; zwar wurde er noch als Jäger beschäftigt, lernte Kupferstechen und gründete eine Familie, aber dann verschwand er auf Nimmerwiedersehen.

Inzwischen hatte Goethes pädagogischer Eros in Fritz von Stein, dem ältesten Sohn der Seelenfreundin, ein dankbareres Ziel gefunden. Dennoch konnte er nicht unterlassen, auf der zweiten Schweizer Reise im Haslital die Spur des Verlorenen Sohnes zu suchen. Er hat ihm (wenn ich recht sehe) in »Fitz«, dem verschlagenen Führer zum geheimnisvollen Kästchen der »Wanderjahre«, ein kleines, doch vielsagendes Denkmal gesetzt. Der kleine Wilde aus der Schweiz, der sich nicht veredeln lassen wollte, kann demnach in Goethes Versuch, sich in Weimar eine zweite Familie zu schaffen, keine belanglose Stelle eingenommen haben.

Doch Vaterschaft gehörte nicht zu den starken Rollen des Genies. Sich in einem Sohn selbst zu finden, war schon hier kein Weg, den Bedürfnissen beider gerecht zu werden.

8 Dafür hatte sich auf der ersten Schweizer Reise ein Wallfahrtsziel zu erkennen gegeben, das sich als nachhaltiger erwies, obwohl es keine menschliche Sprache redete – *weil* es über jede Sprache erhaben war. Der Gotthard war der äußerste und auch höchste Punkt, an dem der Reisende haltmachte: die Zeichnung, die er davon anfertigen wollte, mißlang. Und doch sollte ihn auch jede weitere Schweizer Reise auf ebendiesen Punkt zurückführen, der nicht zur Überschreitung bestimmt war, sondern dazu, daß er nicht nur ihn, sondern auch sich selbst im Licht des Urgebirges besser zeichnen lernte.

Hier stieß er an eine Grenze, und sie hatte viel zu bedeuten – *was*, wußte er beim ersten Anlauf noch nicht. Und doch war es bedeutsam genug, daß er dem Frankfurter Reisegefährten Passavant – und damit auch dem väterlichen Programm – den nächsten logischen Schritt verweigerte: den vorgezeichneten Abstieg nach Italien, Vaters Gelobtes Land. Noch war die Stunde dafür nicht gekommen. Denn die Zeichen deuteten gleich nach der ersten Schweizer Reise in eine andere, vom Vater, dem Stadtbürger, tief mißbilligte Richtung: ostwärts, an den kleinen, eher schäbigen Hof von Sachsen-Weimar.

Aus dem Sächsischen war einst ein Schuster namens Goethe nach Frankfurt zugewandert und hatte dort ein bescheidenes Glück gemacht, bevor seinem Nachkommen – dem bereits vermögenden Johann Caspar – die Verbindung mit Elisabeth Textor gelang, der Tochter aus dem regierungsfähigen Patriziat. Als beider Sohn Wolfgang nach

Osten zurückstrebte, schwamm er gewissermaßen gegen den Strom der Familienvergangenheit, um sich neu zu begründen und gleichsam Vaterstelle an sich selbst zu übernehmen. Doch zuerst vertrat er sie nun an dem gerade regierungsfähig gewordenen Herzog Carl August, während die Herzogin-Witwe Amalia damit an die Stelle der leiblichen Mutter rückte.

Denkt man das die ersten Jahrzehnte in Weimar bestimmende Verhältnis mit Charlotte von Stein als Ablösung der geliebten Schwester Cornelia hinzu, gerät man in eine neue, auf Wahlverwandtschaft beruhende Konstellation, die mit ihrer symbolischen Kraft die Konflikte der primären Familie nicht wiederholen, sondern bearbeiten, erhellen, mit einer höheren Sprache begaben sollte. Dabei setzen sich Tabus der Blutsverwandtschaft in Gebote der höfischen Disziplin und – dank Goethes Ausnahmestellung in Weimar – der seelischen Kultur um. Sie beanspruchte ihn über seine Grenzen hinaus und zeigte ihm doch immerzu neue; sie stürzte ihn in Zweideutigkeiten, an denen er wachsen oder scheitern mußte.

Die halbbrüderliche Stellung Goethes zu seinem jungen Fürsten unterlag nicht nur der Eifersucht und Mißdeutung von außen. Ihre Verfänglichkeit beruhte zuerst darauf, daß der Erzieher und Hüter des Fürsten auch seinen Kumpan und Komplizen spielen mußte. Es war ihm aufgegeben, die Position des Günstlings zugleich zu wahren, zu scheuen und zu unterlaufen. Goethe hatte seine Stellung am Hof von Tag zu Tag neu zu erfinden, denn für ihre Definition genügte kein bestehendes Muster. Wer in ihr produktiv wirken wollte, mußte mit einem Stoff arbeiten, der sich dem Kalkül, in tieferem Sinn sogar: der Absicht entzog.

Das lange Gedicht »Ilmenau« läßt die Ansprüche dieses Hof-Amtes ahnen, das, um seinen Zweck, die Erziehung eines jungen Fürsten, nicht zu verfehlen, die üblichen Ansprüche und Attribute des Erzieherischen beiseite setzen mußte und ihre Teilnahme an den Sprüngen eines jungen Lebens ethischer Kontrolle, aber keiner moralischen Zensur unterwarf. Eine solche Rolle ist nur spielbar, wenn sie sich dem Erzieher selbst als Suche nach dem eigenen zureichenden Ausdruck darstellt. Für die Tragweite dieses Prozesses sprechen die Bilder aus der Mythologie, die Goethe dafür gefunden hat, im Faust II dasjenige des Kentauren als Erzieher von Göttern und Halbgöttern, wofür Chiron selbst einer doppelten Natur, eines halben Pferdeleibs bedarf. Um das Götterkind »seine Straße sanft zu führen«, durfte er – anders als Mephisto – diese Straße selbst nicht kennen und hatte sich doch ihrer Gefahren bei jedem Schritt bewußt zu sein.

9 Für dieses Dilemma kenne ich kein stärkeres Zeugnis als die zweite Schweizer Reise 1779, in der das pädagogische Paar, unter Goethes Anleitung, mit kleinstem Gefolge und im Schutz der Anonymität, heiliges Land betrat und sich dabei auf eine Höhe verstieg, in der es Gott eher zu versuchen als zu suchen schien. Wenn dieser Gefahr etwas Rettendes eingeschrieben war, so beruhte es einerseits auf der tieferen Unkenntnis, mit welcher sich der Führer selbst hineinbegab, und anderseits auf der Hoffnung, daß er einem Ziel, das im Gotthard symbolisiert war, vertrauen durfte. Denn dieses Ziel sollte als Talisman mit seinem Schutz jeden Schritt im voraus begleiten, den man in seiner Richtung tat.

Diese Bahn hatte er mit dem Besuch in Weimar betreten, der sich zur Lebensstelle auswachsen sollte. Seine Grundkonstellation ist die brüderliche Dyade: gespiegelt in Orest und Pylades – wobei die Vollmacht des Gefährten darauf beruht, daß Pylades allein wissen darf, daß er den Wahnsinn des Orest nur heilen kann, wenn er ihm auch *darin* noch einen verschwiegenen Schritt voraus ist. Darum können sie ihr Verhältnis auch mit umgekehrten Rollen spielen – so bei der Uraufführung der »Iphigenie«, als Goethe selbst diejenige des gefährdeten Orest übernahm, die fürstlichen Hoheiten aber – zuerst der Herzog, später sein Bruder Konstantin – als *Confidents* aufzuwarten hatten. (Um das Wagestück voll zu machen, gab die von beiden Männern umworbene Corona Schroeter die Titelrolle der jungfräulich-schwesterlichen Priesterin.) Im gleichen Geist weisen Goethes Tagebücher Carl August, dem Mündel und Souverän, das Sternzeichen Jupiters zu: es steht zwar für den obersten der Götter – und auch wiederum nur für einen Planeten, der im Sonnensystem keine Selbständigkeit besitzt.

Um souverän genug Knecht eines solchen Souveräns zu sein, mußte Goethe die Verkleidung Werthers ganz ablegen und seiner selbst Herr werden. Und das wiederum gelang nur, wenn er seinen Schutzbefohlenen dahin führen konnte, wo dieser sich selbst als Diener einer größeren Ordnung erfuhr und damit auch innerlich zum freien Herrn des Universums läuterte – sei dieses auch nur symbolisch (aber es wird für Goethe bald keine höhere Qualifikation geben) und nicht umfangreicher als das Herzogtum Sachsen-Weimar. Erst wenn der junge Herr zum ersten Diener der ihm übertragenen Welt geworden ist, hat der Fürstendiener Goethe in Weimar sein Ziel erreicht.

Dafür muß seine eigene Existenz in immer höherem Grade autonom geworden sein – ein Weg, auf dem sich die Nachrede des »Egoisten im höchsten Grade« nicht vermeiden läßt. Aber ebendem Kritiker, der sich so vernehmen ließ, Schiller also wird es vorbehalten sein, diesen Egoismus als berechtigte, quasi kunstgerechte Ausnahme zu würdigen und seinen Träger mit passenden Schlüsseln zu sich selbst auszustatten. Schiller wird gesetzgeberisch offenbaren, was Goethe von sich selbst nicht wissen darf: daß Pylades, Höfling und Gefährte, als Fürstendiener sein eigenes Geheimnis zu hüten hat: daß sich in ihm – wem sonst? – jener Jupiter verbirgt, dessen Sonne erst für die Nachgeborenen vollkommen sichtbar über einem persönlichen Konflikt und seiner exemplarischen Klärung aufgeht. Das ist die Frucht jener Lebenskunst, die Goethe im Gespräch mit Eckermann als größere Leistung betrachtet hat als jedes Werk der Dichtung.

Zur Konstellation, die Goethe in Weimar festgebannt hat, gehört ihre mütterliche Initiatorin nicht weniger als das ungleiche Brüderpaar. Die jung verwitwete Herzogin-Mutter Amalia weiß das Bündnis zu fördern und zu festigen. Sie allein kann den verdächtigen Günstling beim bisherigen Ersten Minister Fricke, der ihn abgelehnt hat, unwiderstehlich einschwärzen: dafür wird Goethe seine Höflichkeit gegen diese stiefväterliche Autorität bis zur Selbstverleugnung treiben. Mit den schöngeistigen Interessen der Herzogin-Mutter, die sie vom Braunschweiger Musenhof mitgebracht hat, legimitiert sie den Dichter als Minister, und den Minister als Dichter, und wendet sich immer an beide in einer Person. Sie spielt ihre Rolle, die bei einer noch jugendlichen Witwe ebensoviel Takt wie Entsagung verlangt, mit der Liberalität, die ihr von der dankbaren und zwanglosen Verehrung des Adoptivsohns vergolten – aber wohl nicht erleichtert wird. Als der Günstling im Haus am Frauenplan mit einer für den Hof nicht existierenden Person ein eigenes Kind gezeugt hatte, weigerte sie sich, diesem Skandal vor ihrer Haustür, dem benachbarten Wittumpalais, leibhaft zu begegnen. Worauf Goethe seinen außerehelichen Haushalt nicht etwa auflöste, sondern selbst mit ihm auszog, in ein Jagdhaus vor den Toren, gewissermaßen ins Niemandsland: es war die stolzeste, zugleich bescheidenste Art, seinem unansehnlichen Glück Respekt zu verschaffen. Daß er mit dieser Demonstration durchkam, spricht auch für die Wahlmutter: nach dem trotzigen Zwischenspiel kehrte Goethes kleine Familie ins Haus am Frauenplan zurück, und der Herzog machte es ihm zum Geschenk.

Nicht ohne Hindernisse ist auch die spröde Gemahlin des jungen Fürsten in das gegenseitige Versicherungssystem einzubeziehen. Doch gerade ihr, der Herzogin aus Darmstadt, hält er sich mit quasi-landsmännischer Empathie und sogar – wie sein Singspiel »Lila« bezeugt – mit therapeutischem Feingefühl zu Diensten und federt die verletzenden Stöße ab, die vom Lebenswandel des noch ungezähmten Eheherrn ausgehen, ohne daß er diesen steuern könnte oder dürfte. Ein Balanceakt hohen Schwierigkeitsgrads, und dabei bedarf Goethe für sein eigenes Gleichgewicht eines Stützpunktes, der, wie in Frankfurt, nur durch die rettende Liebe einer Schwester zu besetzen ist.

In diese Position, welche die Herzogin-Mutter nur markieren kann, rückt ihre Hofdame ein, Frau von Stein, die, älter als Goethe, auch in der Mutterrolle erfahren, von derjenigen der Gattin dafür weitgehend entlastet ist. Denn ihr Ehemann, der Stallmeister, versteht sich auf die Zuschauerrolle; ein dumpfer Mann ist er nicht, und kein unempfindlicher. Doch läßt er gelten, daß der genialische Seelenfreund seiner Frau als Schutzgeist der gemeinsamen Kinder bei ihr ein und aus geht. Diese Adoptionspraxis mit eingebautem Selbstschutz hat sein Werther auch bei Lotte geübt – und für die rechte Mischung von Nähe und Abstand probat gefunden. Denn so macht man sich auch zum Kind der Geliebten.

Diese Beziehung wird bald die zweite Dominante von Goethes Familiensystem und läßt spielend, wenn auch alles andere als mühelos, die Vieldeutigkeit zu, deren Goethe im intimsten Sozialbereich bedarf. Diese heterosexuelle Paarbildung beruht – und besteht – auf dem geschwisterlichen Inzestverbot, ohne ihm die Passion ganz zu verbieten, so daß er sie als Ideal der Ruhe feiern kann, während sie ihn zugleich zu einer hohen und erfinderischen Beweglichkeit des Gefühls nötigt. Was in diesem Verhältnis Zwang, was Lizenz, was Erfüllung und was Entsagung, was Glück und was Unglück ist, hütet er sich zu entscheiden. Damit verkörpert diese Liebe geradezu jene Verbindung von Ordnung und Freiheit, die er als Gebot klassischer Kunst erkennen lernt. Sie lehrt ihn zugleich Diskretion – zum Abstand fähige Wahrnehmung – als Grundlage seiner persönlichen Kultur begreifen.

10 Dieses Weimar des noch jungen Mannes wäre schon als Beziehungsleistung ein Kunstwerk für sich, eine »soziale Plastik«, die dem Bildner jeden Tag nicht nur das Subtilste abverlangt, sondern auch das Äußerste. Aber Goethe ist denn doch nicht nur als Familientherapeut in eigener Sache, auch nicht als »teilnehmender Beobachter« nach Weimar gekommen, sondern als zunehmend verantwortlicher Staatsmann; ein Mensch, der, des eigenen Weges keineswegs sicher, die Grenzen, die seiner Familiarität gesetzt sind, so wenig absieht wie diejenigen, die er seinem Engagement setzen muß, um sich vor dem Ruin zu bewahren. Sein Verhältnis zur Adelsgesellschaft, zur Gesellschaftlichkeit überhaupt, bleibt prekär. Am Leitfaden der Ämter, die ein Duodezfürstentum zu bieten hat, entwickelt sich nicht per se ein starker Charakter. Diensterfüllung und Zumutung, ja Demütigung gehen ineinander. Und der Trick, sich Frau von Stein zur Ariadne zu stilisieren, macht das Labyrinth, auf das sich Goethe eingelassen hat, nicht wegsamer. Wie soll er seinen Anteil an undurchsichtigen Verhältnissen »gewältigen«, die von ihm selbst geschaffen und ihm zugleich von außen auferlegt sind? Sein griechischer Wahlspruch *Epikratein dynasthai* hat etwas Beschwörendes: – nur wer sich beherrschen kann, lenkt ein Gespann mit so vielen Zügeln in einer Hand.

In den ersten Weimarer Jahren rettet er sich auf der Flucht vor der Verzweiflung in eine bei weitem mehr als verdoppelte Tätigkeit. Neben den sich sprunghaft vermehrenden Amtspflichten verschreibt er sich einer fieberhaften literarischen Produktion, die sich keineswegs in der geforderten höfischen Gebrauchs- und Gelegenheitskunst erschöpft. Er hat große Stoffe, von der »Iphigenie« bis zum »Wilhelm Meister«, angegriffen; doch sie zu vollenden – nach Maßgabe seiner streng gewordenen Kriterien – findet er die Ruhe nicht. Und diejenige, bei der er sie sucht und in deren Zeichen er nichts so sehr feiert wie Ruhe, Friede, Gelassenheit – gerade Frau von Stein bleibt eine Quelle unlösbarer, wenn auch großmütig geleugneter Konflikte, in denen der Subtext seiner Passion – »warte nur, balde / Ruhest du auch« – als kaum noch verhüllter Todeswunsch durchschlägt.

»Ach, ich bin des Treibens müde« – und wohl nicht weniger des Getriebenseins. War 1775 die Frage gewesen: Wer bin ich?, so lautete sie 1779: Was gehört sich für mich? Bin ich überhaupt am rechten Platz, und wie mache ich einen Platz zum rechten? Noch massiver: Was soll ich in Weimar, was habe ich in der Welt verloren?

11 Das ist der stark veränderte Hintergrund der zweiten Schweizer Reise, obwohl sie nur vier Jahre später, 1779, stattgefunden hat. Wenn man sie eine Flucht nennen muß, so diesmal *vor* der zweifelhaften Stellung, die ihm in Weimar geblüht hatte. Die Sensation der *Tour de force* besteht darin, daß er den Hauptgaranten seiner Sicherheit, der zugleich ein Erzunruhestifter war, in diese Flucht einbezog – daß er ihn leibhaftig *mitnahm*. Er begleitete Carl August keineswegs in die Schweiz – er führte ihn hin.

Von außen betrachtet, ist die Reise alles mögliche: Kavalierstour eines meisterlosen jungen Herrn, aber auch *Fundraising* eines regierenden Fürsten, der sich um Verbindungen und Kredit für sein armes Land bemüht. Er hat einen Hof zu unterhalten, der von Land- und Forstwirtschaft alles andere als fürstlich lebt, während das Gewerbe fast ganz vom Hof leben muß und der grenzüberschreitende Handel daran vorbeizieht. Sachsen-Weimar-Eisenach verfügt, von einer darbenden Strumpfwirk-Manufaktur abgesehen, weder über industrielle Ressourcen noch den Rohstoff dazu – es sei denn, es gelänge, die stilliegende Grube von Ilmenau zu neuem Leben zu erwecken.

Zugleich gehen zwei junge Männer in der Schweiz zur Jagd, diesmal auf Sehenswürdigkeiten, Naturspektakel und lebende Legenden. Die Begegnung mit Lavater, die Goethe arrangieren will, ist vorgemerkt als Höhepunkt der Reise; Goethe verspricht sich davon für seinen derbsinnigen Landesherrn sowohl im Geistigen wie im Zivilen die nötige Förderung, obwohl sich sein eigenes Bruderverhältnis mit dem Zürcher Propheten abgekühlt hat. Man reist anonym, der Herzog als »Graf«, Goethe als ein »Herr Weber«. Eine versteckte Reverenz an die Mutterseite der Textors? Im übrigen sind die ungleichen Brüder ihren Familien, und namentlich ihren Damen entronnen, auch wenn diese für

Korrespondenz unentbehrlich bleiben. Namentlich der Stoff, den Goethe für Frau von Stein aufbereitet, trägt nicht nur die Züge einer Rechenschaft über Natur und Seele, sondern nähert sich einer novellistischen Komposition an, die, als diese Schweizer Reise im Druck erscheint, dem professionellen Auge Wielands nicht entgeht.

Die »unerhörte sich ereignete Begebenheit« ist ohne Zweifel der winterliche Fußmarsch über den Furka-Paß – aber der Schlüssel dazu liegt im Geheimnis zweier Männer versteckt, das jedenfalls einem von ihnen überaus bewußt gewesen ist. Goethe setzt auf dieser Reise mehr beiseite als Vorsicht und Rücksicht auf den Herzog, die dieser ohnehin nicht beansprucht hätte. Er überwindet auch seine eigene Angst vor der Wiederholung eines Experiments, mit dem er jetzt nicht nur sein Glück versucht, sondern seine »große Mutter« Natur.

Doch wie immer das Abenteuer ausgehe: er zieht seinen Fürsten hinein, er will, daß er sein, Goethes, Schicksal in ausgezeichnetem, vorgezeichnetem Sinn teile, damit er es wiedererkenne und honoriere, wenn es ihm unter Weimarer Bedingungen begegnet. Goethe wagt es, seinen Fürsten unter gemeinsamer Lebensgefahr nicht nur der Großen Mutter auszusetzen, sondern auf seine, Goethes Natur einzuschwören, damit der Jüngere, vom Bergwanderer wieder zum Landesfürsten geworden, seinerseits des Vertrauens fähig, danach handle; etwa für den Fall einer langen Trennung, eines so unorthodoxen Urlaubs wie Goethes Flucht nach Italien 1785. Er prüft seinen Herrn, wie er selbst geprüft worden ist, versichert ihn im gemeinschaftlich bestandenen Abenteuer zugleich seiner eigenen Treue und macht damit den Bruderbund symmetrisch.

12 Die Schweizer Reise von 1779 ist aber nicht nur ein Vorspiel der italienischen sechs Jahre später. Sie ist auch das Nachspiel einer anderen zwei Jahre zuvor, in der ich Höhepunkt und Wende von Goethes Weimarer Lebenskrise erkennen möchte: die geheimnisvolle Winterreise 1777, zu welcher er unmittelbar nach dem Tod der leiblichen Schwester aufbricht. In den Harz treiben ihn zwei Geschäfte, ein ministerielles und ein philanthropisches, aber in beiden befördert er ein ureigenes unerledigtes Geschäft. In Wernigerode gilt es den depressiven jungen Theologen Plessing, der ihm brieflich sein Herz ausgeschüttet hat, vor dem Absturz ins Werther-Elend zu bewahren. In Goslar besucht er das Bergwerk, um sich für die Erschließung der Erzvorkommen von Ilmenau kundiger zu machen. Sie sollte das anspruchsvollste Projekt seiner staatsmännischen Tätigkeit werden, sowohl was die ökonomische Perspektive des Herzogtums betrifft wie auch hinsichtlich ihres symbolischen Stellenwerts für den Verweser selbst, als Omen für das, was ich sein Josephs-Schicksal nennen möchte. Denn wenn er aus dieser Grube Leben zeugen kann, wenn dieser Mutterschoß der Natur Segen spendet, darf er den Umzug nach Weimar für gerechtfertigt, ja für gesegnet halten. Dann hat sich der Träumer nicht umsonst nach Ägypten verkauft.

Der um Gottes Willen Verlorene Sohn Israels, der für die Seinen in der Fremde sorgen kann, gehörte zu den Lebensmodellen der Frankfurter Geniezeit, auch wenn der Roman, den Goethe dem biblischen Joseph zu widmen gedachte, erst zwei Jahrhunderte danach geschrieben wurde – von Thomas Mann. Wenige Jahre später mußte Goethe erkennen, daß sich die Grube von Ilmenau, bei der Einweihungsfeier geradezu als »Kind« angesprochen, nicht als lebensfähig erwies und damit erst die Flucht nach Italien auslöste – oder erlaubte. Am Ende des Jahrhunderts definitiv »ersoffen«, nicht »gewältigt«, besiegelt das Grab seiner Hoffnungen den Rückzug des Ministers auf das kulturelle Ressort. Vor der zweiten Schweizer Reise aber versprach die Grube dicht neben einem bevorzugten – und inzwischen etwas anrüchig gewordenen – Jagdrevier noch immer den Durchbruch in die Prosperität, eine Modernisierung des Herzogtums ohne Revolution.

Was den unglücklichen Plessing betraf, so besuchte ihn Goethe bereits im Schutz eines Inkognitos. Es war ein »Zeichner aus Gotha«, der mit Goethes Vollmacht dem Jünger Werthers dessen Konsequenzen auszureden versuchte. Eine eigentümliche Maske frommer List, halb dem umgetriebenen Odysseus entlehnt, halb Imitatio Christi. Und doch war Goethe nur ehrlich, wenn er sich nicht zu erkennen gab, denn kannte er sich noch selbst? Er hatte sich auf einen lebensgefährlichen Weg der Selbstfindung begeben, bei dem er ebenso aus dem Schatten des jugendlichen Genies treten wie den geliehenen Glanz des Ministers ablegen mußte – nicht ohne Zuversicht, doch ohne Gewißheit, ob das Leben danach seine Mühe immer noch wert sei. Die einzige Verbindung nach »drüben«, die er bei dieser Harzreise aufrechterhielt, war diejenige zu seiner Anima Frau von Stein. Dieser Schwester wenigstens meldete er das Glück seines Verschwindens unter dem Volk der Namenlosen.

13 Zwischen Wernigerode und Goslar aber bestieg er den Brocken, der um diese Jahreszeit als unzugänglich galt. Auf diese Mutprobe kaprizierte er sich wie auf ein Gottesurteil, von dem er die Rettung seines Lebens abhängig machte. Und siehe, das winterliche Orakel ließ sich vernehmen, über alle Erwartung zu seinen Gunsten; es zeigte ihm die Gestalt des Granits, aus dem der Gipfel gebildet war. Er offenbarte ihm das Geheimnis, wie ein aus heterogenen Elementen – Feldspat, Quarz, Glimmer – zusammengesetztes Gestein das festeste der bekannten Schöpfung sein kann, und zugleich das ihrem Ursprung nächste. Hier stieß er auf das unerschütterliche Fundament, den Eckstein, auf den die Natur ihr ganzes bewegliches Gebäude, bis hinauf zur Höhe des Menschen, gegründet hatte.

Goethe konnte sich den Granit, anders als die spätere Geologie, nur als ein wassergeschaffenes Gebilde denken, denn nur dem flüssigen Element traute er die unerschöpfliche Geduld zu, Disparates so dauerhaft zu verbinden. Im Granit, dem Ur-Gestein, dem Goethe seine persönlichste Naturbetrachtung gewidmet hat, fand er auch das erste Kapitel für einen »Roman über das Weltall«, das Epos aller Epen, das ihm damals vorschwebte. Im Granit sah er das verlorengegangene Glied, das *Missing Link* für den Zusammenhang von Mikro- und Makrokosmos, und damit für einen guten Sinn des Universums im großen Ganzen wie im ureigenen Einzelfall. Für die Alchemie seiner Selbstorganisation trat aus dem Schnee des Brockens der gesuchte Stein des Weisen zutage, der ihm auch erlaubte – das sei mehr als ein Wortspiel –, *die* Stein ins Fundament seines Daseins zu integrieren, die zugleich getrennte und symbiotische Schwester, die einzige Person, die er auch dann, als er mit sich selbst unbekannt geworden war, fortgesetzter Lebenszeichen würdigte.

14 So war Goethe im November 1777, auf dem Berg wie in der Grube, an seine Grenze gegangen und hatte von der Natur selbst die lebensrettende Versicherung erhalten, nicht nur, daß er sein dürfe, wie er war – aus potentiell destruktiven Widersprüchen zusammengesetzt –, sondern daß er eben kraft dieser Widersprüche zu einer ebenso grenzenlosen wie gesetzhaften Entwicklung geschaffen sei. Denn durch den Granit erklärte ihn die Natur zu ihresgleichen, gerade da, wo sie sich selbst am ursprünglichsten und tragfähigsten zeigte. Höhe und Tiefe fielen auf dem Gipfel des Brockens zusammen; aus diesem Gegensatz, der nun endgültig kein Widerspruch mehr war, wußte die Natur das Kraftfeld der Polarität aufzubauen und verlieh es ihrem bewußten Geschöpf zu weiterer Behandlung – zur *Steigerung* des Lebens zum Geist.

Das ist bereits die Sprache des alten Goethe. Doch 1777 hat der 28jährige auf dem Brocken von der Essenz gekostet, die ihm lebenslang zur Verjüngung dienen sollte, und beim Abstieg wirft auch die »Farbenlehre«, die er sein Hauptwerk nennen wird, ihren lebendigen Schatten auf den Adepten voraus. Denn sie begegnet ihm als Schauspiel am winterlichen Himmel wie ein Segen, den dieser selbst über den Eingeweihten gesprochen hat.

Freilich: auch vom Teufel muß jetzt die Rede sein. Was in der natürlichen Welt Polarität heißen darf, begegnet in der geschichtlichen und moralischen Welt als Ambivalenz, für die es ebenfalls keinen stärkeren Zeugen geben kann als den Brocken. Denn der heilige Berg, auf dem Goethe der Großen Mutter, und in ihr seinem eigenen Gesetz, begegnet ist, auf einem plötzlich lesbar gewordenen Stein – dieser persönliche Sinai ist im Volksglauben ja zugleich der »Teufelsaltar« gewesen, den Goethe auch sofort bei diesem Namen nennt. Sein »Faust« wird den Brocken wieder zum Hexentanzplatz machen, und dann, in weiterer Übertragung des Prinzips »Walpurgisnacht«, zum klassischen Ort der Evolution und der Metamorphose.

Der Zauber von »Gestaltung, Umgestaltung« darf auch in der Literatur nicht zimperlich sein. Er kümmert sich nicht einmal um seine eigenen Gesetze, die in der »klassisch« genannten Periode festgestellt wurden, aber nicht, um unverrückbar zu bleiben: damit sich das Wasser balle, darf es nicht weniger wandlungsfähig sein als »des Dichters reine Hand« selbst. So mutiert der Hexenkessel später zum ägäischen Meer, zum Fruchtwasser elementaren Lebens, in welches die künstliche Intelligenz Homunculus zurückgestoßen werden muß, um auf die »rechte Art«, das heißt: mit der Geduld von Äonen, zu »entstehn«. Es ist das selbe Element, in dem sich das Kunstwerk, dem für seine Entstehung nur ein einziges Menschenleben zur Verfügung stand, zur höchsten Höhe deutscher Sprache gesteigert hat, und zur gelassenen Ironie über seine eigene Gleichnishaftigkeit. Denn die Ironie vertritt beim Geist die Stelle, welche die Mystik für die Seele einnimmt.

»Genauigkeit und Seele« – das ist nicht erst das Fundament von Robert Musils »Mann ohne Eigenschaften«. Goethe, der auf der Harzreise seine Hofeigenschaften und sogar seinen Namen abgelegt hatte, schöpft es aus der Lehre des winterlichen Brockens und nimmt sie in den Schoß seines Lebens auf, damit sie sich darin geduldig entwickle. Noch mehr: daß sie dieses Leben selbst keineswegs bruchlos, aber auch nie ohne Zusammenhang zur Kunst entfalte, um der unvergleichlichen Monade Goethe immer neue Fenster einzusetzen. Die Lichter, die darin zu sehen sind, mußte ein Genie aufstecken. Aber die Klarheit, die aus ihnen leuchtet, könnte für den täglichen Gebrauch der ganzen Kultur und zur Veredelung des Alltags jedes einzelnen dienen, wenn wir unsere Augen selbst zu gebrauchen wüßten, statt ihre Zuständigkeit an Monitore abzutreten.

15 Bei Goethe waren sie für die zweite Reise in die Schweiz gewissermaßen ganz neu eingestellt – nun nicht mehr für die unmittelbare Spiegelung der eigenen Person. Es ist charakteristisch, daß er den Satz »Erkenne dich selbst« zeitlebens für ein Mißverständnis, einen unerlaubten Kurzschluß, ja nahezu für einen Selbstbetrug gehalten hat; um so mehr öffnete er sich für das *Gegenständliche* der Natur. Als ihm viel später »gegenständliches Denken« bescheinigt wurde, hat er dankbar die »bedeutende Förderniss durch ein einziges geistreiches Wort« vermerkt.

So ist denn die zweite Schweizer Reise eine einzige Studienreise in die Gegenständlichkeit. Die Natur soll nicht mehr, wie vier Jahre zuvor, als Resonanzraum für gefühlvolle Subjekte dienen, sie will als Schatzhaus noch nie recht gewürdigter Objekte erfahren sein. Die Augen wollen die Botschaft, die von ihnen ausgeht, rein empfangen, statt ihre eigene hineinzulegen.

Dahinter steht das für Goethe typische kognitive Urvertrauen. Er ist, Schiller trotzend, kein Kantianer geworden; für ihn *sind* die Gegenstände nicht nur, wie sie ihm erscheinen, sie sagen ihm vielmehr mit jeder Einzelheit ihrer Erscheinung, wie sie gesehen sein wollen. Ihre Wirklichkeit soll von ihrer Wirksamkeit auf einen ungetrübten Blick nicht zu trennen sein. Er entdeckt die Korrespondenz, die heimliche – und zugleich für den offenen Sinn am Tage liegende – Analogie, die Schöpfungsgemeinschaft zwischen Objekt und Subjekt, an der vieles Geheimnis, aber nichts ganz dunkel, freilich noch weniger nur schwarz oder weiß ist. Der Verkehr mit der Natur bedarf des Tiefsinns an keiner Stelle, um so mehr der offenen Sinne; dabei stellt Goethe in seinem Aufsatz »Der Versuch als Vermittler zwischen Objekt und Subjekt« die Rangfolge klar. Der Gegenstand ist weiter her, existiert von längerer Hand als wir; das Zeichen seines Ursprungs ist ihm deutlicher eingeschrieben als unserer Schulweisheit. Erlaubt man ihm zu sprechen, so erübrigt sich das Raunen und Spekulieren der Subjekte von selbst, und damit, nach Goethes Überzeugung, der größere Teil ihrer Problematik. Wenn einen das Interesse für das Gebirge, wie Jarno in den »Wanderjahren«, gegen andere Subjekte verstummen läßt, mag er damit eigensinnig scheinen; ohne beste Gesellschaft bleibt der »bergförmig« Gewordene nie.

Denn die Natur spricht so, daß uns in ihrer Sprache Recht wird (reden wir ihr hinein, geschieht uns recht, wenn wir unverstanden bleiben). Wir sind im Schoß der Natur um so sicherer aufgehoben, je weniger wir uns selbst dramatisieren, denn auch der Tod ist – wie es in einem gleichzeitigen Aufsatz aus Goethes Umkreis heißt, »ihr Kunstgriff, viel Leben zu haben«.

16 Als bloß sentimentales Geschäft, oder als harmloses, zeigt sich die versuchende Vermittlung zwischen Objekt und Subjekt auch auf dem Zeichenblock nicht, der (neben Homers Odyssee) auf der zweiten Schweizer Reise Goethes ständiger Begleiter wird. Auch da will mit jedem Strich von Blei oder Kreide die Kunst gelernt sein, »viel Leben zu haben«. Der andere, fast ebenso unberechenbare Begleiter ist der junge Herzog – um die ständischen Verhältnisse, wie in diesem Fall geboten, umzukehren.

Diese fand Goethe sonst für die menschliche Gesellschaft sehr wohl angebracht. Hier war ihm Ungerechtigkeit bekanntlich noch lieber als Unordnung, weil ihm auch in der Natur oben und unten begegnete, ohne daß er darin ein Verhältnis der Dominanz bzw. Unterwerfung erkennen wollte. Daß ein- und dasselbe für alle gelten müsse, schien ihm kein Gebot der Gerechtigkeit, wie er sie verstand; in den Devisen der Französischen Revolution erkannte er sie nicht wieder. Die Natur behandelte Ungleiches sichtbar ungleich, der Kultur aber kam es zu, dem Einzelfall, also dem *konkreten* Allgemeinen, so gerecht wie möglich zu werden. Dabei war keine Eile geboten, sondern Ehrfurcht und Geduld. Wenn die Menschheit als ganze zur Steigerung, zur Evolution bestimmt war, dann ließ sich diese jedenfalls mit dem Mittel der Gewalt nicht beschleunigen, nur stören.

Die politische Geschichte war für ihn ohnehin kein Gefäß, in dem der Weltgeist zu sich selber kam, denn darin sah er, anders als in der Natur, keine gesetzgebende Vernunft am Werk. Diese machte er lieber in der Gelehrtenrepublik aus, im sporadisch auftretenden und doch durch ein »oberes Leitendes« verknüpften Gemeinschaftswerk gleich »berechtigter Männer« (von Frauen war nur in der Kunst die Rede) über alle Zeiten hinweg. In der »zarten Empirie« machte sich etwas von republikanischer Vernunft bemerkbar, wie Goethe sie verstand, und hier ließ er denn auch jene *Egalité* der Geister gelten und walten, welcher er sonst aufs tiefste mißtraute. Erst angesichts der Großen Mutter, deren Söhne und Töchter wir alle sind, anerkannte er keinen Vorrang der Geburt.

In diesem Sinn war *er* es, der dem Herzog diese Reise zur Pflicht gemacht hatte. Sie war die erweiterte, auf Carl August ausgedehnte Probe auf die Tragfähigkeit der Erfahrung auf dem Brocken, eine Wiederholung der Harzreise, die nun allerdings in ganz andere Höhen führte, ins Innere der Alpen, unter die stürzenden Wasser des Berner Oberlandes, an den Fuß des Mont Blanc, in den Felsenkessel von Leukerbad, wo man förmlich zusehen konnte, wie die Wolken gekocht wurden, die man im Tiefland nur als entfernte

Erscheinungen am Himmel ziehen sah. Hier war die Natur nicht mehr schön, hier sah man sie am Werk.

Das alles beherrschende Reiseziel aber war ein Berg, der, obwohl nicht der höchste, als Zentrum der Alpenketten galt, weil sie in ihm wie in einem Schloß zusammenliefen. Goethe führte den jungen Herrn auf den Gotthard, wie der Versucher Jesus in die Wüste geführt hatte – und lange war es ja noch nicht her, daß die Alpen als solche, und nicht als Denkmäler des Erhabenen gegolten hatten. Er zeigte ihm von da zwar nicht alle Reiche der Welt, doch um Anbetung ging es durchaus. Denn auch dieser gewaltige Berg war, wie der Brocken, aus Granit gebildet, dem Ursprungsgestein, dessen Anziehungskraft er gerade diesen jungen Mann aus dem Grund empfinden lassen wollte, da er ihm, in seiner Art, nicht weniger verwandt sein mußte als Goethe selbst. Carl August gehört zu den ganz wenigen, denen er, wie Shakespeare, Napoleon und Schiller, eine »dämonische Natur« nachgerühmt hat. Er sollte die Gnade des Berges erfahren, um auch seinerseits der Gnade mächtig zu werden.

Das höchste Ziel der Reise war, für den Versucher Goethe, nicht frei von persönlichsten Absichten. Doch um es zu erreichen, hielt er die Abenteuerlust des jungen Herrn diesmal nicht, wie sonst im gefährlichen Gelände, fürsorglich zurück, er forderte sie auf eine Art heraus, die man, im Licht gebotener Sicherheitsregeln, vermessen nennen muß. Auch wenn das Paar, außer von ihrem Reitknecht, von ortskundigen Führern begleitet war: vor den objektiven Gefahren eines frisch verschneiten Paßübergangs zu Fuß hätten auch sie den deutschen Reisenden keinen Schutz zu bieten gehabt.

Die Sorge, mit der Goethe auf dem ganzen Anmarsch das Wallis hinauf die Wetter- und Schneeverhältnisse abschätzte, die täglichen Erkundigungen, die er bei Einheimischen einzog, verraten gleichermaßen seine Angst und die Entschlossenheit, ihr zu trotzen. Der Umweg, der sich über den vergleichsweise sichereren Simplon-Übergang zur Annäherung an den Gotthard von Süden angeboten hätte, wurde verschmäht, obwohl er, wenn auch marginal, durch Vaters gelobtes Land Italien geführt hätte. Der Sohn bestand nicht nur auf seinem heiligen Berg, der so wenig wie auf der ersten Reise zum bloßen Durchgang werden durfte; er wählte auch seine eigene Passage aus. Es war diejenige, die nicht nur auf dem kürzesten Weg dahin führte, sondern auch auf dem riskantesten. Zur Rettung, die er auf dem Brocken erfahren hatte, gehörte die Gefahr, auch bei dieser wiederholten Initiation, sonst hätte ihrem Symbolismus das Entscheidende gefehlt.

17 Diese zentrale von Goethes Schweizer Reisen – die Qualifikation ist auch angesichts der Kunsthöhe ihrer Verarbeitung erlaubt – hat er von einer Station zur nächsten mit aller Sorgfalt inszeniert. Sie beginnt schon in Deutschland wie diejenige eines Mannes, der sein Haus bestellt und unerledigte Geschäfte bereinigt. Nach einem Aufenthalt in Kassel wird »resolviert«, »durch Eingebung des Engels Gabriel«, wie Carl August seiner Mutter schreibt, daß die Reise statt nach Düsseldorf in die Schweiz gehen soll; die Urheberschaft dieser Inspiration kann nicht zweifelhaft sein. Und merkwürdig genug, daß der Hakenschlag in die heimatliche Fremde sich schon hier einer orientalisierenden Chiffrierung bedient, unter Brüdern sozusagen, denn das Genie eines Neuen Glaubens gehört zu ihren Themen, und später wird der Herzog den enthusiastischen Dichter von »Mahomets Gesang« dazu nötigen, auch Voltaires boshafte Version des Religionsstifters auf die Bühne zu bringen.

Im Herbst 1779 aber ist es der Reisemarschall, der die Richtung zum heiligen Land vorgibt: Gott befohlen! Der Prophet und »Wanderer« wittert »Patriarchenluft«, er ist in seine ureigene Wüste unterwegs, den Ort der Einkehr, Versuchung und Erwählung.

Zuerst führt er den Herzog in Frankfurt bei den Eltern ein und verbittet sich jeden Komfort für ihn – siehe, *auch dies* ist dein Sohn, könnte er seiner Mutter gesagt und den hohen Gast gemeint haben, den Frau Aja gleich ins Herz schloß. Gegen den Vater geäußert, würde der Satz aber vor allem für ihn, Wolfgang selbst gelten: ist aus einem Sohn, der seinen Herrn wie einen gewöhnlichen Bürger behandeln darf, etwa ein Fürstenknecht geworden?

Die nächsten Stationen führen Goethe von einem offen gebliebenen Geschäft seiner Jugend zum andern; am 25. September nach Sessenheim zu Friederike Brion, der Pfarrerstochter, die ihn »ehmahls schöner geliebt als ich's verdiente«, während sie jetzt »auch nicht durch die leiseste Berührung irgend ein altes Gefühl in meiner Seele zu wekken unternahm. Sie führte mich in iede Laube, und da mußt ich sizzen und so wars gut.« Schon am nächsten Tag geht es weiter nach Straßburg zu Lili, geborene Schönemann, der Verlobten, der er vor vier Jahren in die Schweiz ausgewichen ist. Vor der verheirateten Türckheim (»er war abwesend«) hält er stand, er findet »den schönen Grasaffen mit einer Puppe von sieben Wochen« und überhaupt in behaglichen Umständen, sieht sich auch »mit Verwundrung und Freude empfangen«. Wieder am nächsten Tag ist die Gesellschaft auf der andern Rheinseite in Emmendingen, wo er der Schwester, dem Alter ego seiner Jugend, nicht mehr begegnen kann. Doch die Lücke, die sie im Haushalt von

Schwager Schlosser gerissen hat, betrachtet er mit Gelassenheit, nicht nur weil sie bereits durch eine Bekannte – Johanna Fahlmer – besetzt ist, mit welcher er selbst eine Seelenverbindung pflegt. Er hat die Ablösung von der einen an die andere geliebte Schwester vollzogen; die »Familie« in Weimar aber ist sein Werk, das er zum Kunstwerk, das ihn zur Lebenskunst bilden soll.

18 Schließlich, am Sonntag, dem 3. Oktober 1779, betritt die Gesellschaft ihr Zielgebiet hinter Basel durch die enge Pforte des schluchtförmigen Birstals. Für diese Stelle gehörte sich etwas von jenem Schrecken, der Dante beim Eintritt in eine andere Welt widerfährt, von der »selva oscura« der Lebensmitte, die auch Goethe damals schon weit überschritten glaubte, bis zum Höllentor, das dem Eintretenden alle Hoffnung verbietet. Goethe aber liest aus den hochgetürmten Schichten des Jurakalks die vertrauenswürdige Sprache thalassaler Geduld, und für ihn liegen sie im Sonnenlicht der Zuversicht auf unerschöpfliche Wiedergeburt. Die vom Meerwasser abgelagerte Landschaft, durch die er in den folgenden Herbstwochen reitet und wandert, ist in ihrer schönen Mäßigkeit wie geschaffen für das »gegenständliche« Auge, dem auch die Alpen, von der weitläufigen Jura-Terrasse aus immer neu betrachtet, zum Gegenstand gelassen staunender Betrachtung werden dürfen. Sie verraten in erhabener Ferne nichts von den Schrekken, die ihn in ihrem Innern ebenso erwarten wie er sie.

Es ist unvergleichliche Prosa, in welcher diese Schweizer Landschaft aufscheint. Und doch bleibt die Ruhe, in der sie scheinbar nicht zu stören ist, von einer geheimen Unrast bewegt, die um so merklicher wird, je mehr sich der Horizont um die Reisenden zusammenzieht und je näher ihnen die prüfenden Gipfel mit ihrem eisigen Gleichmut auf den Leib rücken. *Hic sunt leones* – das Schaudern mag der Menschheit bestes Teil sein, aber hier ist man verloren, wenn es nicht gelingt, die der Seele Schutz bietenden Hörner des Hochaltars zu fassen, die Goethe zwei Jahre zuvor auf dem – vergleichsweise harmlosen – Brocken erschienen sind. Er hatte damals die doppelte Natur des Segens genau genug erkannt, als er von »Teufelsaltar« sprach – und wird, viele Jahre später, auch die Wüste am Gotthard, Granit hin oder her, als Mephistos ureigene Domäne zeichnen, da er, als Feuerteufel, bei ihrer Entstehung selbst dabei gewesen sein will.

Aus der Distanz von Faust II wird Goethe auch die Lesart des »Vulkanismus«, für die es inzwischen glaubwürdigere Zeugen gibt als den Teufel, etwa Alexander von Humboldt, dahingestellt sein lassen und sich nur das Recht vorbehalten, nach wie vor an etwas mit seinen Bedürfnissen eher Kompatibles zu glauben. Womit er auch an Wissenschaftlichkeit vielen Neueren immer noch genug voraushatte, die überzeugt sind, daß sie – wie Newton – »keine Hypothesen fingierten«, wenn sie sich ihren Begriff der Objektivität von ihren Objektiven modellieren lassen.

Aus dem kunstvollen Reisebericht liest man unverschleiert die existentielle Sorge heraus, mit welcher Goethe sich in die Maßlosigkeit, Fremde und Hybris der Schweizer Titanen-Landschaft hineinwagte. Er spielte mit der Phantasie, in dieser einsamen Naturwerkstatt müßte es doch binnen kurzem möglich sein, alle liegengebliebenen literarischen Projekte zu vollenden – gewiß nicht, weil er sich hier, wie später in Italien, in glücklicher Übereinstimmung mit seiner Umgebung befand, sondern weil ihn diese auf sich selbst zurückwarf und gewissermaßen in testamentarische Stimmung versetzte. In dieser Wüste mußte die Produktivität trotzig werden, um zu überleben.

19 Am 11. November 1779 ist eine Episode zu melden, die gleichsam ein Fenster in Goethes aufgewühltes Inneres aufstößt. Man ist nur noch zu dritt, der »Graf«, »Weber« und der Reitknecht Blochberg, der einen Maulesel mit dem »Mantelsack« nachführt; der lustige, doch bergscheue Wedel ist mit den Pferden umgekehrt, um sie talabwärts über Lausanne nach Luzern zu führen, wo man nach bestandenem Abenteuer wieder zusammentreffen will. Auf dem Weg von Brig nach Münster, über die nächste Talstufe, gehen sie »viel zu Fuß«, da sie den Mietpferden den Gang »am schroffen Abgrund« ungern zumuten. Bei Niederwald, am Ende der heutigen Langlauf-Loipe, öffnet sich das öde Hochtal wieder, doch die »grauen und unangenehmen Bilder« der Vorstellungskraft wollen nicht weichen. »Fatale Ahndung Erinnerung Enge böses Gefühl daß man im Sack stickt. Hoffnung und Vertraun.«

Mit so gemischtem Gefühl kehren sie – vielleicht in Fiesch – bei einer Bäuerin zu einem einfachen Mittagstisch ein. Die erste beste kann sie nicht gewesen sein, denn Bildnisse an der Wand deuten auf geistliche, also gehobene Verwandtschaft, und über der Tür stehen erbauliche Bücher, namentlich »Legenden der Heiligen«, in denen man blättert, bis die Tafel gedeckt ist. Zur Unterhaltung erzählt die Wirtin eine Geschichte, die ihr besonders ans Herz gewachsen ist, mit so bewegten Worten, daß auch den Gästen die Tränen kommen.

Diese empfindliche Stelle kann man – wie Goethe selbst, bevor die Reise weiterging – in Pater Martin von Cochems »Legenden der Heiligen« nachprüfen, deren »verbesserte« Ausgabe von 1763, »gezieret, vermehret und vil besser als jemahl zuvor eingerichtet« ich eingesehen habe. Darin findet man unter dem »sibenzehenden Tag im Julio« das »Leben des heiligen Beichtigers Alexij,« das die Gomser

Bauersfrau mündlich und, wie Goethe dankbar anmerkt, »ohne alle abgeschmackten Anwendungen« des rheinischen Kapuziner-Schriftstellers mit ihrer stärkenden Küche zusammen aufgetragen hat. Homerische Nahrung unter katholischem Deckel. Wovon handelt die Geschichte?

20 Vorweg: ihrer haarsträubenden Erbaulichkeit möchte man auf den ersten Blick auf ein Weltkind wie Goethe keine erschütternde Wirkung zutrauen, es sei denn auf die Lachmuskeln. Alexis oder Alexius, einziges Kind frommer patrizischer Eltern im christianisierten Rom des 5. Jahrhunderts, ist das Muster des reichen Jünglings, dem die Prüfung, die Jesus von diesem verlangt hat, leicht erspart bleiben könnte. So muß er sich das Martyrium, das unter heidnischen Cäsaren noch wohlfeil zu haben gewesen wäre, selbst auferlegen. Zwar verpflichtet ihn der christliche Gehorsam gegen seine Eltern dazu, die Braut, die sie ihm zuführen, zu ehelichen. Doch erlaubt sein Gewissen nicht, die Ehe auch zu vollziehen. Im geschwisterlichen Einvernehmen mit der Braut entflieht er dem Hochzeitsbett, fährt zu Schiff nach Antiochia, und von da durch syrisches Land nach Edessa, dem Vorposten des Christentums am Rande des Zweistromlandes, wo es ein ungeschaffenes Bild des Herrn zu verehren gibt. Das Gegenstück des Schweißtuch-Konterfeis von Turin wollte gar dem noch lebenden Erlöser quasi-fotografisch abgenommen worden sein; eine andere Überlieferung schreibt die Verehrung einem wundertätigen Marienbild zu.

Jedenfalls läßt sich Alexis vor dem Portal des Gotteshauses als Bettler nieder, wo er volle sieben Jahre ausharrt. Die Askese hat so viel von seiner leiblichen Erscheinung verzehrt, daß ihn auch die von verzweifelten Eltern ausgesandten Boten nicht wiedererkennen. Das Almosen, das sie ihm spenden, ist der schöne Beweis, daß er zum Letzten der Letzten werden durfte. Bei so viel Nachfolge Christi gerät Alexis in einen Geruch von Heiligkeit, der ihn allmählich geniert, also muß er Edessa fliehen und faßt Tharsos, die Stadt des Apostel Paulus, als nächsten Ort seiner Prüfung ins Auge. Das Schiff aber, das ihn dahin tragen soll, gerät in einen Sturm und wird weit nach Westen abgetrieben, bis an die Küste Roms. Hier geht Alexis an Land und sucht, zur strengsten Probe auf seine Demut, die Schwelle des elterlichen Palastes auf, wo sich die Nichterkennung durch die Seinen wiederholt. Die immer noch trauernde, dabei unermüdlich wohltätige Familie weist dem Bettler einen Vorzugsplatz unter der Treppe an, wo er die nächsten sieben Jahre verbringt, zum Heil und Segen von Vater, Mutter und jungfräulicher Braut, die er jeden Tag über die Treppe zu seinen Häupten gehen sieht. Unablässig muß er sie den verlorenen Sohn und Gatten beweinen hören, und standhaft widersteht er der Versuchung, sich ihnen zu erkennen zu geben.

Als er seine letzte Stunde nahen fühlt, enthält er sich doch nicht, seine herzbewegende Geschichte zu Papier zu bringen. Nachdem er das Zeitliche gesegnet hat und das spontane Glockengeläute Roms die Gegenwart eines Heiligen verkündet, findet der Vater das Schriftstück in der starren Bettlerhand, kann es ihr aber nicht entwinden. Dafür bedarf es der Nachhilfe von Kaiser und Papst, und erst diesem letzteren gibt der Tote endlich das Zeugnis der Wahrheit preis. Es wird vor allem Volk, das sich um die Bahre drängt, verlesen, worauf Schrecken und Stolz, Reue und Jammer über den unerkannten Erzmärtyrer in jeder Seele, am heftigsten in denjenigen von Eltern und Braut, miteinander kämpfen. Im Volk von Rom erzeugen sie gar einen Aufruhr, den nur das nächste Wunder, der liebliche Rosenduft des nunmehr endgültig zur Heiligkeit Verewigten, zu beschwichtigen und in himmlisches Wohlgefallen aufzulösen vermag.

21 Wenn diese Geschichte aus treuherzigem Mund für die Ohren des Mittagsgastes im Bergdorf *nicht* abgeschmackt war, wenn sie ihn zu Tränen rührte: man kann den Gründen dafür nachgehen, man darf sie vermuten. Der von seinem Homer, und das heißt ja: dem klassischen Epos des unerkannten Heimkehrers Begleitete – begleitet durch die Unterweltsfahrt ins drohende Hochgebirge – muß in dieser Anti-Odyssee, der ins Fromme gewendeten Fabel der Nichterkennung, etwas Hochpersönliches, ja vor sich selbst Geheimgehaltenes wiedererkannt haben. Und der christliche Sinn dieses Martyriums war es gewiß nicht, was ihn beschäftigte. Ich stelle mir vor, es sei die Figur freiwillig-unfreiwilliger, heilig-lästerlicher Trennung vom Nächsten und Liebsten gewesen, was ihn, nur noch einen Tag von der gefährlichen Passage entfernt, im tiefsten erschütterte. Und der Verdacht – der nur über einen Heiligen keine Gewalt besaß –, seine Abschiede seien nicht das Werk einer frommen, sondern das Spiel einer mutwilligen Seele, und das, was er als sein Schicksal liebte, Ausdruck der Hybris. Es wäre auch seltsam, wenn ihn kein Gedanke daran umgetrieben hätte, ob er recht tat, seinen unreifen Landesherrn auf Gedeih oder Verderb in ein solches Wagestück zu verwikkeln.

Die Askese des Alexis war immerhin Ausdruck einer Seele, die ihrer selbst sicher war. Auch der listige Dulder Odysseus durfte sich noch als »Utis« (= Niemand) auf den Beistand der Göttin Athene, das heißt: den Schutz seiner Identität verlassen. So verdienten die Umwege beider den

Namen »Heimkehr«, sei es nach Ithaka, sei es in die ewige Seligkeit. Wie aber, wenn das Bild der Natur, auf die der Pseudonymus »Weber« sein Selbstvertrauen gründete, forciert, darum voreilig war? Und Übereilung ist die Sünde, die in Goethes Welt nicht verziehen wird; durfte er also einen Gott versuchen, auf den er sich nicht mit gleicher Zuversicht verlassen durfte wie der furchterregend treuherzige Alexis?

Goethe muß in der Legende, die ihn so bewegte, eine mit seiner eigenen Konstellation, bei aller Differenz, hinlänglich vergleichbare empfunden haben, um zugleich das Unvergleichbare der Glaubensstärke empfinden zu müssen, durch die für Alexis das Widernatürliche tragbar wurde: die Trennung von Vater und Mutter; das Versäumnis der Liebe, die Zuflucht zur Entsagung. Auch er, der Reiseflüchtling, erkannte darin die Themen seines Lebens. War dieses Leben stark, fromm, gläubig genug, um ihn für Verluste, auch solche, die andere durch ihn erlitten, so glorreich wie Alexis zu entschädigen, oder waren die Unterlassungen, die er Liebe und Leben schuldig zu sein glaubte, in Wahrheit Sünden *an* Leben und Liebe?

22 Daß dies keine rhetorischen Fragen sind, läßt sich an der Antwort ablesen, die der Geprüfte als längst Geretteter darauf gegeben hat. Nicht in seinem Reisebericht, sondern an poetisch höherer Stelle, die aber schon im Titel die Referenz an die fromme Legende erkennen läßt: in der Elegie »Alexis und Dora«. Sie handelt von einem Paar, das sich plötzlich in Liebe findet, nachdem es längst vertraut zu sein glaubte. Die Abreise des Alexis sorgt dafür, daß beide erkennen, was sie füreinander sind – in der Gewißheit, daß sie es nicht mehr werden können. Der Augenblick des Findens ist an die Trennung gebunden. In diesen Augenblick muß nicht nur die volle Empfindung dieser Liebe, sondern ihre ganze mögliche, nicht mehr mögliche Geschichte, und damit ihre Bedeutung zusammengedrängt werden.

Nur Ein Augenblick war's, in dem ich lebte, der wieget
Alle Tage, die sonst kalt mir verschwindenden, auf.
Nur Ein Augenblick war's, der letzte, da stieg mir ein Leben
Unvermutet in dir, wie von den Göttern, herab.

»Alexis und Dora«, 17 Jahre später verfaßt, ist eine Elegie, die ihre Gattung nicht nur der Form nach erfüllt; sie ist die Vollendung des existentiellen Gehalts dieser Form. Ich denke, dies war Goethes Antwort auf die Alexis-Legende: er gab ihr seine eigene Lesart, diejenige des säkularen Menschen, für den »Heiligkeit« keine Option mehr ist und doch keine Phrase werden will. Sie erfüllt ihr Gesetz, dem Augenblick Dauer zu leihen, im Zeichen des Abschieds; sie *ist* der Abschied vom Leben, um eines gesteigerten Lebens im Hier und Jetzt willen, für das jeder Augenblick so gut ist wie der letzte: »denn das Leben ist die Liebe, und des Lebens Leben Geist.«

23 Goethes erste beiden Reisen in die Schweiz sind, jede in ihrer Art, auch biographisch Abschiedsreisen von einer Liebe gewesen – die zweite nimmt denjenigen von Frau von Stein, den die Italienreise vollendete, erst in Form einer ahnungsvollen Erschütterung vorweg. Daß das Vergangene auch, im Sinn der Elegie, »ewig« gelten sollte, war der andere Teil seiner Abschiedsarbeit, die er sich verschrieb – das leisere Wort dafür wird »beständig« heißen: »dann ist Vergangenes beständig«. Im ersten Teil seiner Reise hatte er, noch außerhalb der Schweiz, dieser Beständigkeit vergangener Lieben seine Sorge zugewendet. Und wenn es auch in jenem Altersgedicht am Ende heißen darf: »Der Augenblick ist Ewigkeit«, so haben wir damit die Quintessenz des »Faust«-Dramas vor uns, die Summe einer lebenslangen und kunstgeschaffenen Metamorphose. Aber bevor der »ewige Augenblick« zum Moment einer Entwicklung werden kann, muß es phänomenal und existentiell ein realer Moment, der Augenblick eines die Seele in ihrem Grund ergreifenden Abschieds gewesen sein.

Ich glaube, daß Goethe, damals am 11. 11. 1779, in der Alexis-Legende der Bäuerin von etwas angerührt wurde, an dessen Definitivum nichts zweifelhaft ist: von der Nähe des Todes; und daß er die Legende gehört hat wie sein eigenes Testament. Wenige Wochen zuvor, am 18. Oktober, hat er in der Kirche von Hindelbank bei Bern vor dem Grabmal gestanden, das der dänische Bildhauer Nahl für die als Schönheit gerühmte, im Kindbett verstorbene Pfarrersfrau Maria Magdalena Langhans gemeißelt hat; es ist eine liegende Stele von attischer Anmut. Das Kind klettert bereits aus dem geborstenen Stein, während er sich für die halb verborgene Frauengestalt noch weiter öffnen muß. Für schöne Seelen wie die junge Charlotte von Lengefeld, nachmals Schiller, war das Denkmal ein Ziel empfindsamer Andacht, und Goethe hat davon an Frau von Stein den vielsagenden Satz zu melden: »Man spricht mit einem allzeit fertigen Enthusiasmus von solchen Dingen, und niemand sieht drauf was hat der Künstler gemacht, was hat er machen wollen.« Ich zweifle nicht, daß er im Bild der Auferstehung die Anatomie einer Geburt gesehen hat, deren reales Mißgeschick durch die Gnade der Kunst richtiggestellt wurde. Und unter den Symbolen, mit denen die Konvention eine Stätte des Todes schmückt, muß ihm der Stern der Hoffnung so eingeleuchtet haben, daß er ihn – *tel quel* – aus jener Grabhülle in sein Adelswappen übertrug, als ihn Carl

August wenig später nobilitierte. Ich lese Goethes zweite Schweizer Reise als ein gewagtes, auf Todesnähe vielfach eingestimmtes Spiel um diesen Stern der Hoffnung, dem in seinem Altersgedicht »Urworte orphisch« das letzte Wort gehört:

Ein Wesen regt sich leicht und ungezügelt,
Aus Wolkendecke, Nebel, Regenschauer
Erhebt sie uns, mit ihr, durch sie beflügelt;
Ihr kennt sie wohl, sie schwärmt durch alle Zonen;
Ein Flügelschlag – und hinter uns Äonen.

Die Hoffnung des alten Mannes bleibt so kühn, sich den Gedanken fortgesetzter Tätigkeit auch *nach* dem Leben herauszunehmen: »Den Tod statuiere ich nicht.« Und doch, schon das Motto der Italienischen Reise lautete zweideutig genug: »Et ego in Arcadia.« »Auch in *Arkadien* bin ich« – »Auch *ich* war in Arkadien«. Es ist eine Sache der Betonung, ob aus der Devise, wie im barocken Memento, der Triumph des Todes spricht, oder, nach Goethes Willen, die Begnadung des Subjekts. Doch unfehlbar schwingt der eine Sinn im andern mit, und die Hoffnung sagt: wenn die Lebenskunst wächst, verringert sich die Dissonanz.

24 Es sollte mich aber doch wundern, wenn Goethe Pater Cochems »Verbesserte Legenden der Heiligen« nur für Alexis und nicht auch für sich selbst in Anspruch genommen hätte – als Orakel für den gegenwärtigen Tag. Natürlich: der 11. November war Martini; der Markt- und Zahltag des Bauernvolks ist dem ungarischen Heiligen Martin gewidmet, dem Soldaten unter den Zeugen Christi, der das Schwert nach seiner Bekehrung zum Herrn nur noch dazu verwendet hatte, seinen Mantel mit einem entblößten Bettler zu teilen. Mit diesem vergleichsweise kernigen Charakter hätte sich Goethe wieder den brüderlichen Aspekt seiner Reise vor die Seele gerufen. Und hätte darin Trost finden können, daß dieser Heilige ein Leben in höchsten Ehren – er war Bischof von Tours und hatte der Königin von Frankreich als Ratgeber gedient – mit der Demut des Einsiedlers und der Ehrfurcht des geistlich Armen durchaus hatte vereinbaren können.

Wie auch immer: dank Führung und Geleit zweier starker Gebirgssöhne aus Oberwald, deren man sich versichert hatte, gelang die gefürchtete Passage über die Furka, von den Ansässigen nur »der Berg« genannt, ohne fatale Zwischenfälle, auch wenn sie »vierthalb Stunden« hinauf und ebensoviel wieder hinunter dauerte, eine Strapaze ohnegleichen, bei der man oft bis zur Brust im Schnee versank. Die baumlose Landschaft war von jener ungeheuren Öde, die nur durch Negationen annähernd zu charakterisieren ist, wie sie Hölderlin, in seiner vom klassischen Weimar kritisierten Elegie »Der Wanderer«, als Kunstmittel einsetzen und dafür den wohlmeinenden Rat ernten wird, sich doch an kleinere und womöglich idyllische Gegenstände zu halten. Zum Glück der Literatur hat er ihn ebensowenig beherzigt wie Goethe selbst, als er seinen Mephisto aus der Rolle fallen und das Reich der »Mütter« in jenen gewaltigen Versen beschwören ließ, die eine szenische Darstellung erübrigen.

Bist du bereit?
Nicht Schlösser sind, nicht Riegel wegzuschieben,
Von Einsamkeiten wirst umhergetrieben.
Hast du Begriff von Öd' und Einsamkeit?
(...)
Und hättest du den Ozean durchschwommen,
Das Grenzenlose dort geschaut,
So sähst du dort doch Well auf Welle kommen,

Selbst wenn es dir vorm Untergange graut.
Du sähst doch etwas. (...)
Nichts wirst du sehn in ewig leerer Ferne,
Den Schritt nicht hören, den du tust,
Nichts Festes finden wo du ruhst.

Hier wird an die Grenze dessen gerührt, was dem zunehmend grenzempfindlichen Goethe als Mensch, Dichter, als Naturliebhaber zustoßen kann: es ist die Apokalypse der Gegenstandslosigkeit, in der mit dem Objekt das Subjekt ebenso verschwindet wie – stelle ich mir vor – die kleine Kolonne der Bergpilger im Nebel- und Schneetreiben des Furkapasses und in der Einöde des folgenden Urseren-Hochtals. Und doch bleibt es nicht ganz zeichenlos: plötzlich sieht Goethe den Lämmergeier ins Bild fliegen, eine leibhafte Erinnerung an denjenigen, den er in den ersten Versen seiner machtvollen Ode »Harzreise im Winter« beschworen hat:

Dem Geier gleich,
Der auf schweren Morgenwolken
Mit sanftem Fittich ruhend
Nach Beute schaut,
Schwebe mein Lied.

Auch wenn der Vogel kein Adler des Zeus ist: als Geschöpf des geschärften Auges, als Vorbote einer wiederkehrenden Welt der Objekte und damit der Rettung, ist er mehr als willkommen. Und die glückliche Ankunft der Erschöpften im Kapuzinerdomizil von Realp ist eine Erlösung, gerade als ihre eigene Karikatur. Denn der fromme Wirt hat nichts Dringenderes zu tun, als seinen Gästen die lebensrettende Mahlzeit mit einem Lob auf seinen alleinseligmachenden Glauben zu »gesegnen«. Das ist die rechte Würze zu Wein und Brot, und Goethe setzt ihm, in seinem Reisebericht, hinterher noch das Salz objektiver Ironie zu: »Wie sehr würde er sich gewundert haben, wenn ihm ein Geist im Augenblicke offenbaret hätte, daß er seine Peroration an einen Nachkommen Friedrichs des Weisen richte« – also des sächsischen Kurfürsten, der den geächteten Luther auf der Wartburg versteckt hielt, damit er – ebenfalls im Schutz eines Pseudonyms (»Junker Jörg«) – die Heilige Schrift für ketzerischen Gebrauch in die Muttersprache übertrage.

All dies dürfte Goethes Dankbarkeit für eine höhere Macht, nach welcher Lesart auch immer verehrt, nichts weggenommen haben. Wohl aber sorgt das katholische Motiv für Symmetrie an beiden Enden des durchschrittenen Totenreichs: am Eingang Alexis, der treuherzige Märtyrer seiner eigenen Anonymität; am Ausgang eine Kapuzinerpredigt für die Geretteten. Auch daß der Pater von Realp das Predigen mit dem Wesen des Kaufmanns verglich, könnte in Goethes elegischer Umschrift des Alexis-Motivs eine Spur hinterlassen haben. Der Sohn, der im Augenblick der Trennung zum Bräutigam wird, ist ein Verwandter des »Kaufmanns von Venedig«, der sein Glück in der Ferne machen will und dabei das naheliegende Beste versäumt.

25 Der verbleibende Aufstieg aus dem Urserental zur Paßhöhe des Gotthard sollte, bei gutem Wetter, vergleichsweise ein Nach-, fast ein Kinderspiel werden. Die Glöcklein der Maultierkolonnen klingeln dazu, durch die sich die Gotthardpilger den Weg zur Paßhöhe bahnen müssen. Man ist wieder im Geschäft mit der Welt, und, was Goethe betrifft, auf einer schon früher betretenen Bahn. »Der Wunsch (...), diese Gegend einmal im Schnee zu sehen, ist mir nun auch gewährt.« Dabei ist der Himmel »ganz klar ohne irgend eine Wolke, das Blau viel tiefer als man es in dem platten Lande gewohnt ist.« Eine »Nausikaa«-Stimmung, mit der man wieder bei Homer ist, und nicht mehr weit von Italien. Das Hochziel Gotthard, auch diesmal nicht zum Überschreiten gedacht, liegt jetzt so greifbar vor den Reisenden, daß sie schon den nächsten Höhepunkt, den Besuch bei Lavater, ins Auge fassen dürfen.

Gotthard und Lavater sind zugleich Namen für eine Erinnerung, es darf von Wiedersehen die Rede sein. Der wahre »Berg«, die furchterregende Passage aber, die hinter ihnen liegt, war namenlos und ohne Vergleich mit etwas schon Bekanntem; damit gehört sie zu einer andern, dämonischen Topographie. Sie hat Goethe nicht nur entlassen; sie hat ihn freigesprochen, denn er ist durch einen Raum gegangen, der Tod bedeutete, und danach Wiedergeburt.

Von der Zuständigkeit des Teufels für die Alpen war schon die Rede – als ob Goethe immer heimlich gewußt hätte, daß in der (was er nicht wissen wollte) erdgeschichtlich jungen Bodengestalt der Alpen, ganz anders als für die reifere Juragegend, kein Raum war für seine Lieblingsvermutung, es müsse in Ursprungsnähe immer mit Geduld, also mit Wasser zugehen. Sein Teufel wußte es besser, Granit ist aus dem feurigen Erdinneren ausgestoßenes Schmelzgestein. Und um diesen Sachverhalt für Goethe erträglich zu fassen, wird er einer neuen Symbolsprache bedürfen – derjenigen der Metamorphose, der seligen Sehnsucht der Seele, sich als Schmetterling nicht nur die Flügel, sondern ganz und gar zu verbrennen. Das Licht, das dazu gehört, tötet, bevor es wiederbelebt; es ist kein Bild der stetig wachsenden, sondern der sich und andere verzehrenden Person.

Die Stunde für getroste Heiterkeit, die sich auch mit diesem Eklat verbinden kann, ist auf Goethes zweiten Schweizer Reise noch nicht gekommen. Und doch hat er in ihr schon den Raum durchmessen, in dem sie sich bildet: den

Hexenkessel und die Todesstarre. Das sind nur scheinbar gegensätzliche Aspekte jener Unterwelt, in dem die »Mütter« ihr unerschöpfliches Schöpfungs- und Zerstörungswerk anzetteln, das Grab für jede erworbene Sicherheit, in das aber jeder, der im vollen Sinne leben will, niederfahren muß, um sich im Tode zu verjüngen; sei es im kleinen Tod der »Liebesnächte«, ohne deren Hitze es keine »Kühlung« gibt; sei es im großen Tod der Umgestaltung, den jede Gestalt erleiden muß. Goethe nimmt ihn im Motto seiner Italienreise (»Et in Arcadia ego«) vorweg, auch wenn er es da noch anders, als Erfüllung des beglückten Subjekts, gelesen haben möchte. Im Alter weiß er: die Lesarten, die klassische und die fromme, schließen sich nicht aus. An die Frömmigkeit, welche die »Marienbader Elegie« beschwört, werden Ansprüche gestellt, die sich weder mit der Erhaltung des Subjekts vertragen noch mit der Verläßlichkeit der Objekte.

Einstweilen aber ist es gerade diese, was Goethe, an der Schwelle zum »Klassiker«, am meisten suchen wird. Damit entfernt er sich wieder von dem Dämon, den er 1779 im Hochgebirge angerufen hat. Was ihm eher not tat, war Befreiung nicht nur von Zwängen seiner Jugend, sondern auch von ihrem Übermut, ihrer Vermessenheit. Um sich selbst besser Maß zu nehmen, unterstellte er der Natur eine Gesetzmäßigkeit, die er dann, als objektivierte, wieder aus ihr heraus- und in sich hineinlesen durfte.

26 Die dritte Schweizer Reise 1797, fast zwanzig Jahre später, fällt aus der Reihe, nicht nur, weil Goethe bald ein »Mann von funfzig Jahren« geworden ist, sondern weil sich sein politisches Umfeld inzwischen ebenso radikal verändert hat wie das private. Seit dem weltgeschichtlichen Auftritt der Französischen Revolution, die so manchen Kopf, der sich nicht bewegen konnte oder wollte, rollen ließ – 1793 denjenigen des Bürgers Capet, zuvor gesalbt als König Ludwig XVI. von Frankreich –, blieb auch außerhalb der neuen Republik bald kein Stein auf dem andern. Der von den europäischen Fürsten unternommene Versuch, sie zu ruinieren, jene »Kampagne in Frankreich«, an der Goethe als Begleiter Carl Augusts eher mit Interesse als von Herzen teilnahm, blieb vor Valmy im Sumpf stecken, bevor sie, nach kläglicher Retraite, auf das alte Regime zurückschlug, und zwar da, wo es am empfindlichsten zu treffen war: im Bewußtsein seiner hellen Köpfe.

Zwar gefror die weltbürgerliche Sympathie, welche die französische Republik bei den Intellektuellen Europas genoß, noch einmal im Schauder über die *Terreur*, welche sie zum Schutz ihrer Errungenschaften inszenierte. Aber diese ließen sich auch dort, wo man ihre Berechtigung zu leugnen fortfuhr, nicht mehr zurücknehmen. Und wo die Verhältnisse der Revolution widerstanden, setzte sie sich doch in der Forderung nach bürgerlichen Freiheiten fort, in naturrechtlich begründeten Ansprüchen, Philosophien, Sensibilitäten. Auch auf deutsch, und da mit Gründlichkeit und Emphase, begann das Undenkbare gedacht, das Unkonventionelle ausprobiert zu werden, und davon war Weimar nicht ausgenommen. Sein Herzog gab als einer der Ersten dem Herzogtum eine Konstitution und verschrieb ihm überhaupt eine Reform nach der anderen – durchaus nicht zum Entzücken seines Ministers Goethe.

Er hatte sein Privatleben – das bei so allgemeiner Erschütterung schon als solches etwas Demonstratives annahm – durch ein eigenes Hauswesen befestigt, die Verbindung mit einer jungen Frau niederen Standes. In der »Gewissensehe« mit Christiane nahm sich seine Sinnlichkeit jene Rechte, die im Verhältnis mit Frau von Stein nicht in der

Ordnung gewesen waren. In Italien hatte er sich eine andere geschaffen, welche der Kultur der Entsagung, die er sich im ersten Weimarer Jahrzehnt verschrieben hatte, getrost zuwiderhandelte. Parallel dazu hatte sich sein Verhältnis zur Natur vom symbiotischen Drang immer mehr zum morphologischen Interesse versachlicht, einer Kunst der Begrenzung, die ihm zugleich eine Begrenzung der Kunst nahelegte. Für das Studium ihrer eigenen Gesetzmäßigkeit hatte er an Schiller einen unvergleichlichen Verbündeten gewonnen, der vieles zu erhellen wußte, was ihm an sich selbst dunkel geblieben war, und was dunkel bleiben sollte, rechtfertigte und verehrte. Das objektive Korrelat für beides, Kunst und Natur, begegnete ihm jetzt nicht mehr im Ursprungsgestein des Granit, sondern in der Farbenlehre, in der die Natur sich selbst als Künstlerin der Vermittlung zeigte und die Grenze, den *Locus classicus* von Goethes Identität, zum Schauplatz eines ihrer wunderbarsten Phänomene machte. »Am farbigen Abglanz haben wir das Leben« – das hieß zugleich: der unvermittelte Blick in die Sonne, das Ursprungslicht, sei verboten, weil das Auge selbst ihn verbiete. Der rechte Weg, das Wesen der Dinge zu erfassen, sei die getreue Betrachtung der Form, in der es ihnen gefalle, sich zu *zeigen*.

Damit ist der dem Forscher anständige und bekömmliche Gegenstand seines Lebens neu konstituiert, nach Goethes damaliger Überzeugung: ein für allemal. Das »Phänomen« ist das Wahre, nicht Hintergehbare der Natur, denn die Erscheinung ist die Seite, mit der sie sich uns zuwendet, und wir können uns darauf verlassen, daß auch wir durch ihre so exakte wie diskrete Betrachtung die uns zugedachte, weil eingeborene Menschenform erreichen.

27 Dieser begrenzte, weil der Grenzen bedürftige Goethe ist sein eigenes Thema während der zwei Jahrzehnte, die zwischen seiner zweiten und der dritten Schweizer Reise liegen; und in diesen Grenzen, die seiner Beruhigung und Festigung dienen müssen, hat er sich auch literarisch ausgedrückt. Erlebt, als Wohltat erfahren hat er sie in Italien, 1785/6, eine Station, die man, seinem eigenen Sprachgebrauch folgend, als »Reise« bezeichnet; doch ihr Sinn wäre mit dem Wort »Aufenthalt« besser getroffen. Goethe reist von Weimar an einen Ort, der ihm schon im weltfernen Münster/Wallis vorgeschwebt hat, wo er sich konzentrieren, die für jeden Gegenstand nötige Ruhe herausnehmen darf.

Mit diesem Urlaub stellte er die mit seinem Herzog auf der Gotthardreise besiegelte Brüderschaft auf die Probe. Denn das Projekt, das sich Goethe am meisten zu eigen, von dem er geradezu den Sinn seiner Stellung in Weimar abhängig gemacht hatte, nämlich die Wiederbelebung der Grube von Ilmenau, war so gut wie gescheitert, auch wenn sie erst in den Neunzigerjahren endgültig »ersoffen« sein sollte. Das Wasser, eigentlich Goethes Element, wollte sich in diesem kritischen Fall nicht »gewältigen« lassen (diese Bergmannssprache wird er auch für den Einbruch der Französischen Revolution verwenden). Die »Kunstgezeug« genannten Pumpen waren der dämonischen Intervention nicht gewachsen. Nachdem die Gute Mutter sich von diesem Magnum opus nicht hatte bändigen lassen, mußte er sich, um den schmerzhaften Rückschlag zu verarbeiten, nicht nur auf ein anderes Projekt, sondern ein anderes Leben besinnen.

Förderung versprach er sich, entschiedener als zuvor, von der Kunst, sie wenigstens galt es jetzt zu vollenden. Dies, nichts Geringeres, war die Begründung für seinen überstürzten Urlaub, mit dem er sich bei einem weniger brüderlichen Landesherrn ganz leicht entbehrlich gemacht hätte. Es galt die angezettelten Werke, Iphigenie, Wilhelm Meister, Faust, Tasso für eine geplante Gesamtausgabe in Ruhe abzuschließen. Und gerade »Tasso« verrät einiges über die delikate Stellung eines Mannes, der diese nur seinem dichterischen Genie verdanken und dabei durchaus kein Höfling heißen will. Nicht nur in der sprachlichen Wurzel von »Vollendung« steckt das Ende, wie der Tod in Arkadien. Der hier etwas Definitives zu hinterlassen wünscht, will auch über die Kunst schlüssig verfügen lernen, und das Monument »gesammelter Werke« verleugnet nicht ganz den Charakter des Grabsteins. Man muß die »Italienische Reise« als willkürliche Einengung des Lebenshorizontes, als nicht nur freiwillige Zurücknahme eines, wie Tasso, Zurückgesetzten lesen, bevor man sie als Durchbruch in ein erneuertes Leben, als Vita nova feiert.

28 Der Goethe, der 1785 bei Nacht und Nebel aufbricht, hat seine Sache auf nichts – nichts als Kunst – gestellt; das ist gegenüber den Siebzigerjahren eine Beschränkung, in welcher sich der Meister noch zeigen mußte. Zunächst war der Reisende ein Mensch, der die Fragmente seines Lebens im Medium des schönen Italien neu zusammensetzen wollte, durchaus ohne Gewißheit des Erfolgs. Doch er bemächtigte sich der Bilder, die ihm dort begegneten, unter dem Aspekt ihrer Heilsamkeit, mit der entschiedenen Absicht, sie als Gegenstände eigenen Rechts, und nicht als Spiegel seiner selbst zu verwenden. Daß sie auch bei bestem Willen solche bleiben, erkennt man am Muster der Fehlanzeigen, das heißt, an allem, was er *nicht* gesehen oder nicht registriert, vom Kanon des Bekömmlichen ausgeschlossen hat: nichts vom byzantinischen oder gotischen, wenig vom barocken Italien. Unter den Epochen, die bei ihm welche machen sollen, geht die klassische, bzw. ihre sogenannte Renaissance, bis zur Ausschließlichkeit allen andern vor – von ihr allein führt der Königsweg ins gesunde Leben und die Fülle seiner Gegenwart. Klassisch müssen die Formen aussehen, die er selbst anzunehmen strebt, auch wenn sie ihrerseits von einem Winckelmannschen Blick vorgebildet sind. Von Edler Anmut, Stiller Größe verspricht er sich homerische Erhebung und naive Erquickung – mitten im frischen Leben Italiens, das sich aus diesem zeitlos-natürlichen Ursprung nährt.

Selbst im Zentrum des Römischen Karnevals, in dem sich alles in alles verwandelt und, wie bei Aristophanes, das Niedrigste sich mit dem Göttlichen vermischt, sieht er zuerst die *Grenze*, sein eigenes Hauptmotiv, am Werk. Denn auf welche Art, mit welchem Trick entfesselt man dieses bunte Treiben? Indem man es begrenzt, in Zeit und Raum; man muß eine Straße auf beiden Seiten dafür sperren, und man muß ihm mit dem Glockenschlag ein Ziel setzen. Das, nichts anderes, ist die Kunst: verwandt dem Klopfen der Fingerspitzen auf dem nackten Rücken der Geliebten, das den Ausdruck sinnlichen Glücks zwanglos in den Takt eines Hexameters übersetzt.

29 »Resignatio ist keine schöne Gegend«, schrieb Gottfried Keller: es ist nicht üblich, ihr Zeichen auch in einer anerkannt schönen zu erkennen, und noch weniger, Goethes italienischen Aufenthalt in diesem Zeichen zu lesen. Aber das Wort bedeutet ja nicht mehr, nicht weniger als »Zeichenverschiebung« – und wenn diese gelingt, muß man weder von Glück noch von seinem Gegenteil, man kann auch von »Konzentration« reden. Das »beschränkte Glück« mit Christiane Vulpius wird nicht verächtlich davon, daß es kein sublimes Unglück mehr ist, wie mit Frau von Stein. Daß »Hermann und Dorothea« ein vollendetes, das heißt: die geschichtliche Unruhe nach Vermögen ausschließendes Kunstwerk ist, macht es nicht so »lächerlich«, wie die aufkommende romantische Opposition »alles Vollendete« zu finden beliebte. Die zivile Integration Dorotheas, der Fremden, die ihrem gefallenen Verlobten, dem Jakobiner, die Treue hält, auch wenn sie dem Bürgerssohn Hermann die Hand reicht, stellt auch *politisch* eine solidere Leistung dar als der spätere Rückzug der ehemaligen Avantgarde in Kirche und Nation, dem der alte Goethe nichts abgewinnen konnte und den er keinen Schritt weit mitgemacht hat. Beispiele der kompensatorischen – um nicht zu sagen: charakterlosen Anpassung konvertierter Umstürzler an den veränderten Status quo begegnen uns auch unter heutigen Verhältnissen.

Doch es sei: Goethe war entschlossen, in Italien »nur noch Künstler zu sein«, keineswegs nebenbei auch besser leben zu lernen und – wenn sein Analytiker Eißner recht sieht – mit 36 Jahren erstmals sexuell aktiv zu werden. Vor dem ihn noch immer unverdrossen verfolgenden »Dichter des Werther« floh er diesmal in das Inkognito eines »Filippo Miller« – daß er Maler sei, war keine ganze Lüge, denn er zog einen Wechsel des künstlerischen Genus beinahe ernsthaft in Betracht. Jedenfalls begab sich der keineswegs ganz dilettantische Zeichner nicht nur in ein »malerisches« Land, sondern in die Gesellschaft von Malern, unsterblichen und lebenden. Um sie und ihre Kunst zu verstehen, mußte er einer der Ihren werden, wenn schon nicht mit ihren Objekten, so doch bei deren Betrachtung. Der »Schicklichkeit«, mit der sie ihre Themen behandelten, ihre Motive komponierten, entnahm er, wie verschwiegen immer, auch Maximen für seine Welt- und Lebenspraxis. Mochte diese im bürgerlichen Sinn als schicklich gelten oder nicht: er wollte wissen, *wie* sie es machten, um etwas *sinnlich* Gutes, Schönes und Wahres herzustellen. Und wo sie es ihm nicht sagen konnten, forschte er selbst danach. So suchte er eine hinreichende Theorie – in seinem Deutsch: Anschauung – für die schöne Bewußtlosigkeit, mit der sie ihre Farben setzten. Dies war der eigensinnige Ausgangspunkt seiner Bemühung, welcher er selbst den Rang eines Hauptwerks beimaß: der Farbenlehre.

30 Diese sollte, neben dem »Bettschatz«, zeitlebens, und immer mehr, die Stelle des unvergleichlichen, bald aber auch entbehrlichen Italien in seinem Leben einnehmen – ein Hauptbeispiel produktiver Resignation, eine gelungene und, im Gegensatz zu vorübergehend kanonisch behandelten Kunst-Ansichten, eine lebenslänglich fortwirkende Zeichen-Verschiebung. Die »Farbenlehre« wurde zur Krone einer neu verstandenen Naturwissenschaft: die Morphologie, die Erhaltung des Typus in seinem Wandel, blieb ihr Fundament. In der Farbenlehre war seinem alchemistischen Sinn die Synthese von Natur und Kunst gelungen, denn sie zeigte die Natur als Künstlerin am unerschöpflichen Werk. Und was waren jetzt die Taten und Leiden der Person neben den »Taten und Leiden des Lichts«? Kleine Verwandte – eine bedeutende Verwandtschaft immerhin in einem Reich, wo es nichts Kleines mehr gibt.

Die Erschütterungen der *Geschichte* jedenfalls nahmen sich davor dürftig und kurzatmig aus – sie sollten das Tiefste des Menschen nicht berühren dürfen. Was hatte selbst die Kanonade von Valmy, in welcher er ja doch eine neue Epoche donnern hörte – »und ihr seid dabei gewesen«, will er seinen Kriegsbegleitern locker gesagt haben –, neben dem Phänomen der entoptischen Farben zu bedeuten, das sich mit einer Glasscherbe in jedem wassergefüllten Granattrichter reproduzieren ließ! Sie zeigten beispielhaft die *Steigerungsfähigkeit* jener Polarität, die bei jedem Zusammenstoßen von Hell und Dunkel eine Welt von Farben spielen läßt; dasselbe Phänomen, das er auch mit der höchsten Kunst nicht wundersamer hervorbringen konnte.

So darf sich der Gegensatz von Faust und Mephisto zur Polarität entwickeln, und diese ihr Schlußbukett am ins Unendliche durchsichtig gewordenen Theaterhimmel entfalten. Es ist die stufenlose Steigerung des Werks zur Gnade, der die Reihe Jungfrau-Mutter-Königin-Göttin entspricht, in der das »ewig-Weibliche« verehrt werden darf. An sein höheres Spiel werden die Ansprüche von Gut und Böse, die Rechte von Gott und Teufel abgetreten, vor ihm wird die Wette hinfällig. In diesem Spiel wird das Menschenwesen nicht nur im dreifachen Sinn Hegels aufgehoben: das Spiel hebt sich selber auf, und an seiner Stelle erscheint die reine Fülle, die vollkommene, erleuchtende Leere, welche die Mystiker aller Glaubensrichtungen gesucht haben. Bei Goethe ist es zugleich die Übersetzung der kräftigsten Natur in die heiterste Kunst, versetzt mit dem Salz sublimer Ironie.

31 Daß gerade Schiller bei diesem zweigestaltigen Magnum Opus – der Farbenlehre und dem »Faust« – der vorzüglichste, der einzige wirklich kompetente Förderer sein sollte, war dem schwäbischen Aufsteiger nicht an der Wiege gesungen. Es war so wenig »natürlich« wie das Bündnis zwischen dem Professor in Jena und dem Minister in Weimar, der ihn im Jahr der Französischen Revolution ehren- oder schandenhalber berufen hatte. Ihre Interessen schienen so disparat wie ihre Naturen unverträglich. Schiller hatte in Goethe zuerst den »Egoisten in ungewöhnlichem Grade« gesehen, der »auch gegen seine nächsten Freunde kein Moment der Ergießung« habe, und betrachtete ihn »wie eine stolze Prüde, der man ein Kind machen muß, um sie vor der Welt zu demütigen«. So 1789 das Geständnis Schillers an Körner, den wirklichen Freund, das freilich schon die – einstweilen gewalttätige – Sprache der Liebe verrät, von der es sieben Jahre später heißen wird: sie sei die einzige »Freiheit« vor dem Vortrefflichen. Womit »Wilhelm Meister«, das von Goethe selbst »inkalkulabel« genannte Produkt, gemeint war, dem Schiller gerade die Dienste eines Erz-Lektors und Geburtshelfers leistete.

Dazwischen lag ein steiler Weg gegenseitiger wie eigener Überwindung zur Bündnispflicht. Die Gewalt, die Schiller dem egoistischen Genie angedroht hatte: er mußte sie seinem Freiheitsanspruch selber tun, um eine höhere Macht zu erfahren – diejenige poetischer Tatsachen. Er beteiligte sich an ihrer Regelung und Berichtigung und ließ dem großen, dem größeren Werk seinen kunstrichterlichen Sinn zugute kommen, der ihm, wenn es darauf ankam, höher galt als jeder moralische und philosophische Ernst.

Auf welcher Seite das Potential, die günstige Naturmischung, die Gnade zum Großen Werk lagen, war für Schiller keine Frage – »gegen Goethen bin ich und bleib ich eben ein poetischer Lump«. Aber: »weil er der Glückliche ist, kannst du der Selige sein«. In dieser Konstellation die narzißtische Kränkung unter sich zu lassen und dem immer wieder schwankenden, seiner selbst unsicheren Genie seine Gesetzmäßigkeit so zu erklären, daß es nach ihr zu handeln (und nicht weniger: ihr zuwiderzuhandeln) ermutigt war:

das war das Große Werk des Begleiters, das generöse Geschenk der Bündnistreue, die Mitgift des irdischen Bräutigams an die himmlische, aber launische Braut.

Ja, Schiller hat ihr in den Neunzigerjahren Kind um Kind gemacht, und brauchte dafür weder ihre Prüderie zu brechen noch ihren Stolz zu demütigen. Es genügte – aber es wurde auch der Liebesmüh sauer genug –, sie zu der ihr kongenialen Tätigkeit anzuhalten. Sie erst, und so erst setzte sie die Maßstäbe, die einem Volk die Nation ersetzen sollten und ihm exemplarisch vor Augen führten, was Gestalt heißt, und was sie ihm sein könnte. Dafür aber mußte die Zeit und ihre Literatur erst gerichtet und an ihren Platz gestellt sein, damit Raum geschaffen werde für ein Gemeinschaftswerk der zwei, das jeder Bedingtheit, jeder deutschen Misere, jedes Unglücks der Geschichte spotten durfte.

Und diese Räumungsaktion war Schillers Ressort. Wenn es für das nächste Jahrhundert so etwas wie eine »deutsche Klassik« geben sollte: Schiller war es, der sie in seinen Schriften, und mit seinem Goethe, forciert und organisiert hat. Denn für eine Klassik, die diesen Namen verdient, fehlten in den deutschen Ländern zur Zeit der Französischen Revolution so gut wie alle »objektiv« zu nennenden Voraussetzungen, außer dieser einen: Schillers Willen, sie am Beispiel Goethes zu statuieren, auf dem schmalen und kargen, immerhin hinlänglich liberalen Boden eines Duodezfürstentums.

32 Kein Wunder, daß Goethe – neben seinem Fürsten – gerade Schiller das Epitheton »dämonisch« zugebilligt hat, das zu seiner erzengelhaften, dabei fragilen Erscheinung so wenig zu passen schien. Aber er war der »Moraltrompeter von Säckingen« gewiß nicht, den Nietzsche aus dem großen Dramenschmied machen wollte. Er war in der Hauptsache, die für ihn zählte – nämlich der Erklärung eines zeitunabhängigen Gottesgnadentums der Kunst –, ein Immoralist hoher Grade, gewissermaßen Richelieu und Colbert in einer Person, der die Verwegenheit besaß, sein Regelwerk nicht ganz unjesuitisch auf die Ausnahme zu gründen. Zu dieser Stellung erhob er Goethe, nicht auf dem Weg des Kultes (auf den sich das 19. Jahrhundert bei beiden verirren sollte – und vor ihnen gerettet hat), sondern auf dem Weg der Züchtigung und der Kritik – durch die höhere, die *andere* Form bei Schiller, durch die genial gesteigerte Wahrnehmung bei Goethe; durch objektive Ironie bei beiden.

Wenn GoetheSchiller zu »Dioskuren« einer »deutschen Klassik« werden konnten, so weil der Sterbliche von beiden den allzumenschlichen Anwandlungen des andern Grenzen zu setzen nicht abließ und ihm ebenso viel Unbequemlichkeit zumutete, wie ihm selbst die Liebe zum Unsterblichen sauer geworden war. Anders als Goethe wußte Schiller immer, woher er kam, und wohin es in der Kunst zu gehen hatte (und wußte auch nur zu gut, wie delikat die Basis seiner Richterlichkeit war). So machte er sich seinen Beruf daraus, Goethe, der es nicht zu wissen schien, und der sich getrost selbst vergessen durfte, den Weg zu weisen – und mehr als nur gelten zu lassen, wenn er dann einen unvorhergesehenen ging. Denn wenn Schiller in seiner Kritik des Positiven – wie jeder bedeutende Künstler – keine Grenze kannte: in diesem Ausnahmefall kannte er sie nicht nur, er erhob sie zur Richtschnur der Poesie als »höherer Natur« und nahm sich selbst fast demonstrativ davor zurück.

33 So diktatorisch dieses Schiller-Goethe-Bündnis auftrat, und so viel Entsagung es beiden abverlangte: seinen exemplarischen Charakter gewann es daraus, daß es auch ein *Spiel* war, und – im Sinne von Schillers Briefen über die »Ästhetische Erziehung des Menschen« – nichts anderes sein durfte, nichts Größeres zu sein brauchte. An der Rollenteilung zwischen den Klassikern war nicht nur Kulturpolitik beteiligt, in der Schiller exzellierte, sondern auch die Lust am Maskenspiel. Nur weil der »Sentimentalische« die Rolle des Naiven theoretisch so viel besser zu spielen wußte als dieser selbst, konnte er dessen Praxis so erfindungsreich würdigen. Und im gewöhnlichen Wortsinn gibt es in der deutschen Literatur keine Erscheinung, die weniger »naiv« gewesen wäre als Goethe: was er – nach Schillers Tod – durch seine zunehmende Entfernung von aller »klassischen« Ästhetik nicht weniger bewiesen hat als durch die Eigenschaften seines postumen Schiller-Kults. Beide waren sie weder »sentimentalisch« noch »naiv«, sondern auf polare Weise avanciert – *als Konstellation* auch bei weitem »moderner«, jedenfalls in Deutschland, als das folgende 19. Jahrhundert, das dieses Attribut in robuster Unschuld für sich selbst in Anspruch nahm.

Um die Jahrhundertwende – zeitgleich mit einer Epoche des politischen Umbruchs und des nationalen Unglücks – lagern sich knappe zwei Dekaden beispielloser kultureller Blüte; Schiller und Goethe stehen darin durchaus nicht so allein, wie sie sich vorkamen; im Schlegelschen Bohèmehaushalt in Jena, dessen Seele eine Frau war, Caroline, konzentrierte sich das romantische Genie der Epoche und hat die Wege der Moderne nicht minder deutlich vorgezeichnet als Goethe und Schiller.

Denn diese waren, jeder auf seine Art, unzeitgemäß, und sie waren es bewußt: sie leisteten einander den für beide lebenswichtigen Dienst, sich von der übrigen »Weltgeschichte« scheinbar zu dispensieren, um sich mit ihren Elementen um so profunder, weil strukturell auseinanderzusetzen. Wohl oder übel blieben sie Genossen ihrer Zeit, mit der von Schiller dekretierten Pflicht des Künstlers, nach einer idealischen Jugend in sein Jahrhundert zurückzukehren, »aber nicht, um es mit seiner Erscheinung zu erfreuen, sondern furchtbar wie Agamemnons Sohn, um es zu reinigen«. Eine heroische Spiegelfechterei, in der es am Ende vor allem auf eine Demonstration der Fechtkunst abgesehen ist.

Und doch, und eben darum, ist in ihrem Spiegel nicht nur die Physiognomie der Epoche – es sind auch die »Zeichen der Zeit« besser und wegweisender zu erkennen als in jedem historischen Werk, als in philosophischen oder politischen Manifesten. Im »Faust« kann man bis heute immer neu zu lesen *beginnen*, was in der Zivilisation der Fall ist – man denke nur daran, wie anders schon das 20. Jahrhundert Fausts technokratisch verblendetes Ende gelesen hat als das 19., das darin, auch gegen den klarsten Wortlaut, seinen eigenen Fortschritt feiern wollte. Und was die »Farbenlehre« als Darstellungsprinzip und Zivilisationsverpflichtung (nicht nur) für die Naturwissenschaft bedeuten könnte, beginnt auch diese selbst immer besser zu sehen, nachdem sie – anfangend bei der theoretischen Physik – ihre Fundamente revolutioniert hat.

34 Ja, man kann und muß die virtuelle Insel der »deutschen Klassik« von der historischen Sintflut aus betrachten, der sie, eine kleine Hallig, mit hohen Dämmen abgetrotzt wurde. Diese Sicht ist lange nicht diejenige der provinziellen Goethe-Verehrung gewesen, die aus der deutschen Klassik eine eigene »Epoche«, aus der »Literaturgeschichte«

überhaupt eine Art Feinkost-Filiale der »allgemeinen Geschichte« konstruieren wollte. Natürlich ist sie, auch in Widerspruch und Absetzung, Teil davon – aber als spezifische Reaktion auf das, was in »der« Geschichte, dieser treuherzigen Konstruktion und märchenliebenden Erzählung, Epoche gemacht haben soll. Wohl nicht zufällig ist es ein externer Goethe-Monograph, Nicolas Boyle, der mit dem Extra- und Geisterzüglein einer national-autonomen »Literaturgeschichte« am gründlichsten aufräumt und ihre »Epochen« genannten Stationen kassiert. Er hat auch den »Klassiker« Goethe in den europäischen Kontext zurückgeholt, in den er gehört.

Am Ende hat der vermeintliche Ausreißer vor der Französischen Revolution auf seiner vermeintlichen Insel auf kein Ereignis sensibler reagiert als auf sie; er hat, von Werk zu Werk, bis in dessen Innerstes, Intimstes und Diskretes – die Spielformen der Fiktionalität – an ihrer »Gewältigung« gearbeitet. Den Stoff dazu liefert beim alten Goethe die Geschichte, wie ihn beim jungen die Natur geliefert hat: die Zeichen der Zeit müssen sich ihre Umschrift, ihre Übersetzung ins Kunstgerechte gefallen lassen. Aber auch in der Sprache der Kunst bleibt nichts beim alten: das Alte hört immer wieder auf, das Wahre zu sein, und was für einen Gegenstand gestern noch »schicklich« gewesen ist, wird ihm heute nicht mehr gerecht und bricht auf, im doppelten Sinn des Wortes: es fällt auseinander, und es öffnet sich für eine unabsehbare Zukunft. So bricht die Anlage des Romans in den »Wanderjahren« auf, diejenige des Dramas in »Faust«, so verläßt die Lyrik im »Divan« den Boden der Klassik und illustriert ihr Verfahren an einem arabischen Rachegedicht von ausgesuchter Grausamkeit, das durch das einfache Mittel der »Transposition« zu einem Phänomen höheren Grades wird: einem Gebilde der Kunst, einem »modernen« Artefakt.

Re-Signatio – nun immer weniger, wie noch Italien, eine »schöne Gegend«, aber war sie denn auch damals nichts weiter als schön? Dagegen spricht das Motto »Et ego in Arcadia«, das die Vieldeutigkeit des Lebens unter das Vorzeichen des Todes gestellt hat, wie es dessen Eindeutigkeit wieder der Forderung der Tätigkeit, also des Lebens aussetzt. Das ist die »Gerechtigkeit«, von welcher in der Kunst allein die Rede sein kann und der die »Kunstgerechtigkeit« als unerschöpfliches Gleichnis und *Memento vivere* dienen muß. Sie dient dem »Kunstgriff der Natur« zu, »viel Leben zu haben«. Nicht nur ein gutes, schlechtes, schwarzes oder weißes – »*viel* Leben«, jenen »farbigen Abglanz« also, an dem wir es haben, und an ihm allein. Die Kunstgerechtigkeit steht im Bunde mit dem phänomenalen, nicht hinterfragbaren Charakter des Lebens; und sie läßt die Möglichkeit offen, daß sie vom selben Stoff ist wie ein Traum. *La vida es sueño* – aber es wäre nicht die spanisch-barocke Lesart des Welttheaters, die Goethes frühromantische Zeitgenossen wieder entdeckt hatten, sondern eine andere ihrer Errungenschaften, die dem Dichter von »Der Gott und die Bajadere« näher lag: die indische Maya: die in der Göttin Kali verkörperte Einheit von Schöpfung und Zerstörung.

35 Goethes letzte Schweizer Reise 1797 ist einzigartig zuerst darin, daß sie es nicht war, sondern, 22 Jahre danach, ein *Re-Make*, eine fast exakte Wiederholung der ersten, die ihm die Differenz so genau wie möglich zu messen erlaubt. Was ihn interessiert, ist weniger die Veränderung der Schweiz (diese hält sich, trotz der Revolution vor der Haustür, in Grenzen) als diejenige des eigenen Blicks: es ist derjenige eines anderen Menschen auf die gleiche Topographie. Elementare Fragen sind es nicht mehr, auf die er vom

Orakel der Alpen menschenmögliche Antworten erwartet. Ihn leitet das Bedürfnis nach Vergewisserung seiner selbst. Er überprüft einen Bestand, den er, wie Bilder eines Museums, früher mit eigenen Visionen besetzt, mit bestimmten Heilserwartungen zusammen erlebt hat. Was bleibt, wenn man sie im sachlichen Licht betrachtet und möglichst nur für sich selbst sprechen läßt? Aber doch auch: wie sind die schweizerischen Dinge *für sich betrachtet* beschaffen, was für Leute machen sie, und was macht ihre Arbeit aus ihnen?

Goethe, der seiner selbst bewußte Künstler, nimmt Interesse an produktiven Verhältnissen mannigfacher Art. Die Reise, die er diesmal tut, ist auch eine politische und ökonomische Recherche. Wie nimmt sich, im drohenden Schatten der benachbarten Weltrevolution und des Naturrechts, das sie für sich in Anspruch nimmt, die vergleichsweise gewachsene Natur des typischen Hirtenlandes aus? Es kann, in Landwirtschaft und Gewerbe keineswegs rückständig, mit Mustergütern und Manufakturen aufwarten, einer ländlichen Industrie, kurzum: mit Kulturtechniken innovativen und vorbildlichen Charakters, von denen für Sachsen-Weimar etwas zu holen ist. Die Schweiz ist für den Minister Goethe von fachlichem Interesse; statt verarmter Alpensöhne und Waisenkinder hat sie Spezialisten und Knowhow zu bieten, und so wird dieser dritte Reisebericht zum Journal eines Forschungsreisenden. Auch was man naturnah produziert, ist Natur, scheint es zu sagen, und Goethe hat viel Interesse daran, daß sich von ihren Gütern und Werten nicht nur revolutionär, sondern »sanft« mit Erfolg Gebrauch machen lasse. Anders als in den früheren Reisen kommen die Schweizer hier nicht mehr bloß als Original-Staffage einer übermächtigen Szenerie, sondern als arbeitendes Volk vor, dem auf die Finger zu sehen sich lohnt.

Über die Heimindustrie im Hinterland des Zürichsees wird Goethe in den »Wanderjahren« das Triftige referieren, wobei ihm allerdings der Blick seines Schweizer Gewährsmanns, des »Kunscht-Meyer«, auch zur homerischen Verklärung der ländlichen Szene dient; sie nimmt sich im drohenden Schatten des heraufziehenden »Maschinenwesens« besonders rührend aus. Ein Zeugnis unter vielen, daß es nicht, wie auf der zweiten Schweizer Reise, die »Gegenständlichkeit« als solche ist, der das Studium des Reisenden gilt. Jetzt betrachtet er die Gegenstände unter dem Gesichtspunkt des Machbaren, ihres kunstmäßigen Nutzens, und die »Kunst« reicht – wie die lateinische *Ars* – vom Ästhetischen über das Technische bis zu Hauswirtschaft und Staatskunst. Keine »Flucht in die Schweiz« mehr, sondern ein Versicherungsversuch inmitten des großen Schwankens der Weltgeschichte.

Was Goethe zwei Jahrzehnte früher in der Offenbarung des Granits gesucht hatte, ein verläßliches Fundament für gerechte Wahrnehmung, das hatte sich inzwischen durch das Studium der Farben zur wechselseitigen Kultivierung von Objekt und Subjekt, zur Beziehungsfähigkeit überhaupt ausgebildet. Die Farbenlehre war der neue Regenbogen des Friedens, der Schöpfer und Schöpfung gemeinsam überspannte, und insofern (wie von Albrecht Schöne ausgeführt) durchaus eine »Farbentheologie«, eine Magna charta für den rechten Umgang mit der Natur, dessen Orthodoxie man gegen mathematische Beckmesser, physikalische Spalter, päpstliche Ketzer wie Newton energisch zu verteidigen hatte. »Hyptheseis non fingo«? Das wußte Goethe anders, in eigensinniger Demut. Die Welt war nicht aus dem Wunder-Ei reiner Mathematik geschlüpft, ihr Anfang war, wie derjenige Gottes, überall und nirgends; die Wahrnehmung selbst war vom Stoff des Wahrgenommenen, ihm wahlverwandt. Hatte die Weltansicht des jungen Mannes an der mittelalterlichen Analogie Makrokosmos-Mikrokosmos festgehalten, so behauptete der bald Fünfzigjährige jetzt die gemeinsame Grundlage von Natur und Kultur, Leben und Kunst, die ihm selbst (anders als Schiller) »natürlich« und notwendig war. Sie war der Archimedische Punkt, um den sich die Welt ins Lot drehen ließ, und versprach Verläßlichkeit gegen das Chaos der Geschichte.

36 Es war also die Kraft »natürlicher Ordnungen«, die er auf seiner dritten und letzten Schweizer Reise testete. Wie er mit Schiller über die »Schicklichkeit« von Stoffen zu räsonieren pflegte, das heißt: ihre Disposition für dieses oder jenes Genus, so klopfte er jetzt auch den Boden der Schweiz nach literarisch veredelungsfähigem Rohstoff ab und stieß dabei auf die Sage vom Tell. Sie war vielseitig besetzbar und hatte unter Jakobinern gerade als Lob des Tyrannenmords Konjunktur; um so eher schien sie Goethe zur epischen, also gelassenen Behandlung zu reizen, in welcher dem Landvogt Geßler die Rolle eines »behaglichen Tyrannen« zugedacht war.

Nachdem er den Stoff Schiller überlassen hatte, wurde bekanntlich etwas ganz anderes daraus: das problematische, doch glückliche Zusammentreffen eines privaten, immerhin im Hausrecht und der Familienehre fundierten Vergeltungsaktes mit dem Aufstand eines beleidigten Volkes, das sich nicht etwa für neue Rechte verschwor, sondern nur seine alten, »angestammten« einforderte. Mit der Freiheit, die der Postkantianer Schiller in seinen tragischen Musterstücken meinte und einer erhabenen Seele wie Max Piccolomini auch um den Preis des Lebens diktierte, hatte dieser »Tell« fast gar nichts zu tun. Eher war er eine politisch nicht undelikate Probe, die Schiller auf sein Talent zu einem populären Genus machte.

Was den Bühneneffekt, und mehr noch: den Erfolg beim dargestellten Volk der Hirten betraf, hat das Stück diese Probe mehr als nur bestanden. Wie sehr Schiller den Genius des Ortes, den er nie betreten hat, getroffen hatte, belegt eine singuläre Rezeptionsgeschichte. Schiller ist nicht nur, wie der Naturobelisk im Vierwaldstätter See in Goldlettern verkündet, »der Sänger Tells« geworden. Er hat eine der Säulen geliefert, auf die der Bundesstaat von 1848 seine Identität bauen konnte – zuerst im Geist der liberalen Gründer, dann aber auch für die Versöhnung mit ihren konservativ-föderalistischen Gegenspielern. Schillers »Tell« schien beiden aus der Seele zu sprechen, und sein Schauplatz lag auch noch in der Urschweiz, die sich als doppelte Verliererin – des sogenannten Sonderbundskriegs 1847 und der nachfolgenden Industrialisierung – vor Ende des Jahrhunderts mit Hilfe des legendären Schützen wieder in den Bund integrieren ließ.

Was das – Schillers gewiegtem Bühnenkalkül entsprungene – Heldenbild für den politischen Alltag der jungen Schweiz geleistet hat, läßt sich in Kellers »Grünem Heinrich« nachlesen. Es ist zugleich eine frappante Bestätigung für Goethes Arbeitshypothese der 97er Reise, daß dem natürlichen wie dem politischen Bedürfnis der Menschen nur mit zureichender Kunst genugzutun ist.

38 1797 hatte Goethe die Schweiz erstmals nur zur Durchreise benützen wollen – dennoch endete sie auch diesmal am Gotthard. Die Kriegswirren in Oberitalien schreckten den Reisenden ab. Allzuschwer kann ihm die Umkehr nicht gefallen sein, da er das Beste, was er in Italien hätte suchen können, in Stäfa am Zürichsee fand, dem Heimatort des Künstler-Gefährten Johann Heinrich Meyer, wohin auch das gesammelte Material zur Registrierung italienischer Kunstwerke mitgekommen war. Meyer, auf Goethes Betreiben 1789 nach Weimar an die Freie Zeichenakademie berufen und sein Hausgenosse am Frauenplan, weilte ebensooft im Süden wie im Norden. Der Verkehr mit ihm entschädigte Goethe diesmal für die physische Reise nach Italien und sollte sie ihm in Zukunft ganz ersetzen.

In bestimmtem Sinn war diesmal auch die Schweiz eine Landschaft aus zweiter Hand, und die Reise selbst eine Kopie, an der Goethe die Haltbarkeit des »Originals« von 1775 überprüfte. Damals hatte er ergriffen sein müssen, um etwas zu ergreifen; jetzt tat es die zureichende Reflexion. Und sie war selbst mobil und erfahren genug geworden, um von ihren Anlässen unabhängig bestehen zu können.

So wurde die dritte Reise, was Goethes innere Teilnahme betraf, etwas weniger Physisches, etwas Geistigeres als die früheren: er hatte sich nicht mehr selbst zu erschaffen oder zu erfinden. Aus der »Reisenatur«, die schon im »Triumph der Empfindsamkeit« ein Gegenstand der (Selbst-)Ironie gewesen war, wurde in der dritten Schweizer Reise eine in festen Grundsätzen begründete Größe. Diese Grundsätze hatte er einer kanonisch verstandenen Kunst entnommen und suchte sie auf andere, auf alle Zweige der Kultur anzuwenden. »Bewegliche Ordnung« ist die Devise dieser Jahre, mit dem Akzent auf dem zweiten Wort. Der Italienreisende war doch noch der Sohn seines Vaters geworden.

39 Nach Schillers Tod, mit dem nächsten Lebensalter, das bei den meisten Menschen einfach »Alter« heißen müßte, kehrt sich das Verhältnis von Ordnung und Bewegung wieder zu Gunsten der letzteren um, nur daß die Mobilität immer weniger die des physisch Reisenden war. Sie übte sich im Überschreiten kanonisch gewesener Grenzen, wie die Auswanderer der »Wanderjahre« bezeugen – aber nicht weniger ihre Gesellen, die Europa nicht verlassen müssen, um nach derselben Maxime des Handelns zu leben. Was das neue Evangelium der »Entsagenden« wert ist, können und müssen sie nicht abstrakt wissen. Es zeigt sich an den Früchten ihrer Tätigkeit, und diese bewahrt die Tätigen vor der Illusion einer Utopie. Darum liefert der Verfasser, von der »Turmgesellschaft« über die Pädagogische Provinz bis zum »Band« keine, der nicht das Salz der Ironie zugesetzt wäre: vielleicht mit Ausnahme des Wiederfindens von Vater und Sohn am Ende im Akt der Lebensrettung, durch den sie zu »Dioskuren«, zum mythischen Brüderpaar werden. Aber auch hier geht die Tat der Erkenntnis, die Handlung der Einsicht voraus. Wer *blind* das Rechte, das Humane tut, der mag irren – die Gnade wird ihn zu finden wissen.

Das ist die Rest-Hoffnung des Alten, und »Faust« ihre weltliterarische Exegese, in der das »Irren«, ja: sein destruktives, die Welt verblendet und blind zerstörendes Potential so groß wie möglich geschrieben ist. Da wird die Erlösung, zu der sie herausfordert, am Ende zur reinen Gnade *quia absurdum*. Das einzige, was für sie noch stehen, was sie vorstellbar, sinnlich genießbar macht, ist die Grazie, der Platzhalter der Gnade; eine Haltung, die nicht erhabener sein kann als die Menschenwürde, aber *leichter* als sie. Diese Leichtigkeit ist das letzte Wort der Kunst, die es ein Leben lang zu tun hatte mit »dem Schweren und Guten«.

40 Diese Leichtigkeit ist auch Goethes größte Mitgift an die Nachwelt, die Spielanweisung eines Meisters in der harten Schule der Sterblichkeit, eine symbolische Kulturstiftung über Zeit und Ort hinaus, darum gültig für jede Zeit und jeden Ort. Der »Divan«, auf dem sich von Goethes Ursprung weit entfernte Menschen begegnen können, ist der fliegende Teppich seines Lebenswerks. Und auf drei Schweizer Reisen hat er Muster hineingewoben, die man »leitend« nennen darf; denn sie haben ihrerseits der Beweglichkeit des einzigartigen Fahrzeugs gedient und transportieren es zu jedem Leser, jeder Leserin, die in den drei Schweizer Reisen nicht nur Goethe, sondern sich selbst besser erkennen wollen.

Ja, vielleicht kann erst über 150 Jahre nach seinem Tod recht deutlich werden, in welchem Grade jene scheinbare Auswanderungen der Kunst aus der Geschichte zugleich ihr Übergang in die Moderne waren; und sie wird auch diese, die ihrerseits historisch geworden ist, mit der ihr eigenen Leichtigkeit hinter sich lassen. Doch sie muß Lebensarbeit im höchsten Grade gewesen sein, damit fernere Generationen in ihr die Signatur der Lebenskunst lesen können.

Dieser Auszug der Kunst in eine nur von ihr selbst begrenzte Unendlichkeit beginnt mit Goethes dritter Schweizer Reise. Aber in der ersten mußte er an seinem Weg verzweifelt sein, um in der zweiten das Leben, das er aufs Spiel gesetzt hatte, wiedergeschenkt zu bekommen. So, nicht bequemer, müssen sie wohl aussehen, die ersten Kapitel in der Biographie einer Meisterschaft, die den Tod hinter sich läßt, auch denjenigen der Wahrheiten. »Der Mensch ist nur da ganz Mensch, wo er spielt«. Goethe hat Schillers großes Wort in den drei Jahrzehnten, wo er nur noch an Rhein und Main oder in seine böhmischen Bäder reiste, kleiner fortgeschrieben, aber auch kühner. Sein Spätwerk kann Menschen auch da »spielen« lehren, wo sie nicht mehr »ganz« sind und sich die kindliche Erwartung verbieten müssen, es jemals zu werden. Dann erst zeigt sich, ob wir in den Taten und Leiden der Zivilisation jene »sehr ernsten Scherze« sehen können (so Goethe über »Faust«) und noch mehr: ob wir die inzwischen globalen Scherze, die wir anstellen können, auch noch selbst verstehen: zum Beispiel als Verpflichtungen gegen die Schöpfung und unsere Nachgeborenen.

Aber das ist ein ganz neues Spiel, von dem wir die Regeln noch nicht kennen. Wer sie entwickeln möchte, für den oder die dürfte die Lektüre Goethes mehr denn je hilfreich sein. »Denn alles muß zu nichts zerfallen / wenn es im Sein beharren will« dürfte in diesem Spiel ebenso gelten wie sein scheinbares Gegenstück: »Kein Wesen kann zu nichts zerfallen / Das Ewige regt sich fort in allen, / Am Sein erhalte dich beglückt.« Wahre Sätze waren schon in den »Wanderjahren« – zweihundert Jahre vor Niels Bohr – immer daran zu erkennen, »daß man sie alle umkehren kann und daß sie alsdann eben so wahr sind, und«, findet das kluge Kind Hersilie, »vielleicht noch mehr.« Aus dieser kleinen Differenz der gleich gültigen Wahrheit mit sich selbst entsteht jene Bewegung, die zur Metamorphose hinaufführt. Das heißt, daß wir gut daran tun, die Veränderung, der wir doch nicht entgehen, auch lernen zu wollen. Daß wir »trübe Gäste auf dieser dunklen Erde« sind, ist dann nicht mehr ein Verdikt ein für allemal, denn ohne Trübung und Betrübnis könnte aus unserem Stoff jenes Farbenspiel nicht werden, das die Kunst mit ihr treibt, und das sich in der Lebenskunst klärt.

Der Autor

Adolf Muschg, 1934 in Zollikon geboren, lebt in Zürich. Er ist seit 2003 Präsident der Akademie der Künste Berlin. Sein Œuvre wurde mit zahlreichen Preisen ausgezeichnet, u.a. dem Hermann-Hesse-Preis, dem Grimmelshausen-Preis und dem Georg-Büchner-Preis.

Im Suhrkamp Verlag erschienen u.a.:

Wenn Auschwitz in der Schweiz liegt. Fünf Reden eines Schweizers an seine und keine Nation, 1997

O mein Heimatland! 150 Versuche mit dem berühmten Schweizer Echo, 1998

Sutters Glück. Roman, 2001

Das gefangene Lächeln. Erzählung, 2002

Gehen kann ich allein. Liebesgeschichten, 2003

Der Schein trügt nicht. Über Goethe, 2004